열매 맺는 새가족

열매 맺는 새가족

쉽고 재미있는 새가족 양육 교재

100명 교인에서 2만 명으로 성장하기까지
새가족 양육의 노하우(Know-How)

김찬종 지음

소망
도서출판

목차

■ **1단계 _ 구원은 어떻게 받습니까?**

제1과 | 모든 사람은 죄인입니다 10
제2과 | 당신의 현주소는 어디입니까? 16
제3과 | 구원받은 자가 받는 복 23
제4과 | 천국은 어떻게 갑니까? 33
제5과 | 하나님의 사랑 40
제6과 | 믿음이란 무엇입니까? 47

■ ■ **2단계 _ 교회생활은 어떻게 합니까?**

제7과 | 교회란 무엇입니까? 54
제8과 | 주기도문 62
제9과 | 신앙고백(사도신경) 68

제10과 | 십계명 77

제11과 | 예배생활 85

제12과 | 헌금생활 94

■ ■ ■ 3단계 _ 경건에 이르는 삶

제13과 | 기도생활 104

제14과 | 성령 충만 112

제15과 | 전도생활 120

제16과 | 죄를 이기는 생활 129

제17과 | 말씀의 능력을 체험하는 생활 138

제18과 | 성령의 능력이 나타나는 생활 145

제19과 | 경건한 생활을 위한 훈련 153

머리말

할렐루야!

이제 처음으로 예수 그리스도를 믿기 시작한 여러분을 진심으로 환영합니다. 주의 은혜와 하나님의 은총이 여러분과 여러분의 가정에 넘치시길 기원합니다.

신앙생활은 대부분 교회에 등록하면서 시작됩니다. 예수를 믿는 사람들을 성도라고 부릅니다. 성도는 하나님의 말씀을 공부해야 성장할 수 있습니다. 그런데 오늘날 많은 교인들이 영적으로 미성숙한 상태에 있습니다. 교회에 출석하는 많은 사람들이 성경의 기본적인 교리를 제대로 알지 못합니다. 기독교 진리를 생활 속에 제대로 적용하지 못하고 있습니다. 복음의 능력을 체험하지 못하고 있습니다. 교회는 다니지만 인격과 삶의 변화는 경험하지 못하고 습관적으로 다닙니다.

왜 그렇습니까? 신앙이 성장하지 못했기 때문입니다.

왜 성장하지 못했습니까? 하나님 말씀으로 충분히 훈련받지 못했기 때문입니다. 특히 신앙생활 초기에 훈련받지 못했기 때문입니다. 신앙초기에 하나님 말씀으로 충분히 훈련되지 못하면 상당 기간을 영적으로 미숙한 상태에 머무르게 됩니다. 그러므로 교회 생활 처음부터 충분한 교육을 받는 것이 매우 중요합니다.

신앙은 "그리스도의 장성한 분량이 충만한 데까지" 성장해가야 합니다. 그런데 성장이 계속되지 못하는 신자들이 많습니다. 성장을 하고 싶지만 장애에 계속 부딪쳐 "나는 안 되나 보다" 하고 좌절하는 성도들도 있습니다.

사랑이 식고 감격을 잃고 사명감과 열정과 헌신의 능력을 갖지 못하고, 무미건조하게 타성에 젖은 종교생활만 영위해가는 성도들도 있습니다. 교회는 다니지만 인격과 실제 생활 속에서는 참된 변화와 거룩한 능력이 나타나지 못합니다. 열심히 교회 봉사한다고 하지만 마음속에 진정한 기쁨이 넘쳐나지 못합니다. 생활 속에 생수의 강, 성령의 권능의 강이 흘러나지 못하는 모습이 있습니다. 이것은 예수 생명이 줄기차게 성장하지 못한 탓입니다.

왜 성장이 정체됩니까?

첫째, 성장의 원리를 확실히 알지 못하기 때문입니다.

둘째, 성장의 원리에 따라 꾸준히 훈련받지 못했기 때문입니다.

한 교회를 담임하는 현장 목회자로서 새신자 양육이 얼마나 중요한가를 알고 있습니다. 과천교회는 일 년에 2~3천 명 정도가 등록하고 신앙생활을 시작합니다. 그들을 교회에 정착시키고 올바르게 신앙생활을 해나갈 수 있도록 훈련하기 위해서 기초적인 양육 교재가 필요했습니다.

이 책은 하나님께서 말씀을 통해 우리에게 제시해주시는 성장의 실제적인 원리를 3단계로 나누어서 다루고 있습니다. 이 책이 제시하는 구체적인 실천 과제들을 꾸준히 훈련하고 실천하십시오. 그러면 하나님의 놀라운 역사가 여러분에게도 일어날 것입니다. 당신의 신앙은 하나님이 원하는 대로 줄기차게 성장해갈 것입니다.

이 책을 통해 양육 받는 모든 분들이 권능 있는 그리스도의 제자로 성장해갈 수 있기를 기원합니다.

2009년 2월 10일
과천교회 목양실에서

1단계

구원은 어떻게 받습니까?

| 제1과

모든 사람은 죄인입니다

여호와의 손이 짧아 구원치 못하심도 아니요 귀가 둔하여 듣지 못하심도 아니라 오직 너희 죄악이 너희와 너희 하나님 사이를 내었고 너희 죄가 그 얼굴을 가리워서 너희를 듣지 않으시게 함이니(이사야 59장 1-2절)

인간들이 왜 불행한지 생각해 보신 일이 있으십니까?

지금 이 시간 말씀을 공부하는 당신은 행복하십니까?

인간이 행복하지 못한 이유는 죄 때문입니다. 죄는 인간을 불행하게 만듭니다. 죄는 인간에게 병(영의 병, 육의 병)을 줍니다. 죄는 인간에게 실패를 줍니다. 절망을 줍니다. 좌절을 줍니다.

1. 죄란 무엇인가요?

죄를 가리키는 히브리어 '헤트(חטא)'나, 헬라어 '하마르티아'(αμαρτια)는 모두 '과녁에서 벗어난 것'(missing a mark)을 의미합니다.

궁수가 쏜 화살이 과녁에서 벗어났다면 그것은 결과일 뿐이고, 그 원인은 이미 조준이 과녁을 벗어나 있기 때문입니다. 만약 누군가가 살인이나 강도와 같은 범죄를 저질렀다면 그 범죄는 죄의 결과로 나타난 것입니다. 죄는 그 사람의 삶의 조준이 과녁을 벗어나 있는 것입니다. 인간이 겨냥해야 할 과녁은 바로 창조주 하나님 한 분뿐이십니다.

그러나 하나님과의 관계를 떠난 모든 인간은 이미 태어나면서부터 그 삶의 조준이 하나님에게서 벗어나 있습니다. 이것이 바로 인간이 지닌 본질적 죄의 모습입니다. 이것을 원죄(original sin)라고 합니다.

왜 모든 사람이 죄인이며, 죄의 결과는 무엇일까요?

2. 누가 사람을 만들었습니까?

"여호와 하나님이 흙으로 사람을 지으시고 생기를 그 코에 불어넣으시니 사람이 생령이 된지라"(창세기 2장 7절).

1) 하나님은 인간을 무엇으로 만들었습니까?

2) 사람은 어떻게 생명을 얻게 되었습니까?

3. 사람을 누구의 형상으로 만들었습니까?

"하나님이 자기의 형상 곧 하나님의 형상대로 사람을 창조하시되 남자와 여자를 창조하시고"(창세기 1장 27절).

사람과 동물은 모두 하나님이 창조하셨습니다. 그러나 사람은 동물과는 다르게 지음 받았습니다. '사람에게 영원을 사모하는 마음을 주셨다'(전도서 3장 11절)고 했습니다. '오래 살고 싶다, 장수하고 싶다'는 것은 하나님이 주신 마음입니다. 동물들은 그런 마음이 없습니다. 장수하고픈 마음은 오직 사람만 가지고 있습니다.

왜냐하면 하나님이 주셨기 때문입니다. 노인들이 빨리 죽고 싶다고 하는 말은 거짓말입니다. 건강하게 장수하는 것은 복 가운데 최고의 복입니다.

4. 하나님이 사람을 창조하신 목적은 무엇입니까?

"하나님이 그들에게 복을 주시며 그들에게 이르시되 생육하고 번성하여 땅에 충만하라, 땅을 정복하라, 바다의 고기와 공중의 새와 땅에 움직이는 모든 생물을 다스리라"(창세기 1장 28절).

1) 하나님은 사람에게 무엇을 주셨습니까?

2) 하나님께서 사람에게 주신 복을 자세히 말해 보십시오(5가지).

5. 사람이 하나님께 불순종한 것이 죄의 시작입니다

"여자가 그 나무를 본즉 먹음직도 하고 보암직도 하고 지혜롭게 할 만큼 탐스럽기도 한 나무인지라. 그 실과를 따먹고 자기와 함께

한 남편에게도 주매 그도 먹은지라"(창세기 3장 6절).

하나님은 사람에게 에덴동산에 거하며 그 동산을 다스리고 관리하는 책임을 맡겨 주셨습니다. 그러나 사람은 하나님 말씀을 거역하여 선악을 알게 하는 실과를 따먹게 되었습니다. 그래서 하나님과 사람 사이가 벌어지게 되고 죄가 들어오게 되었습니다.

1) 하나님이 에덴동산 중앙에 선악과를 만드신 이유는 무엇입니까?

2) 선악과를 따먹은 것이 왜 죄가 됩니까?

6. 불순종한 사람에게 문제가 생겼습니다.

"모든 사람이 죄를 범하였으매 하나님의 영광에 이르지 못하더니" (로마서 3장 23절).
"죄의 삯은 사망이요"(로마서 6장 23절).

죄의 결과는 무엇입니까? 사망입니다.

불순종의 죄악이 하나님과의 사이를 내었습니다. 에덴동산의 아담과 하와의 불순종은 지금 우리에게도 해당됩니다. 성경은 모든 사람이 죄를 범하였다고 하였습니다. 그래서 하나님을 떠난 사람은 마음에 평안이 없고 두려움, 걱정, 슬픔, 근심, 염려 등을 당하며 살게 되었습니다. 사단의 지배를 받게 되었습니다. 죄 값으로 죽음, 심판, 지옥을 면할 수 없게 되었습니다.

나의 삶에 적용

❶ 하나님이 인간을 어떻게 창조하셨습니까?

❷ 죄는 무엇입니까?

❸ 죄를 해결하지 못했을 때 그 결과는 무엇입니까?

| 제2과

당신의 현주소는 어디입니까?

하나님이 자기 형상 곧 하나님의 형상대로 사람을 창조하시되 남자와 여자를 창조하시고(창세기 1장 27절)
여호와 하나님이 흙으로 사람을 지으시고 생기를 그 코에 불어넣으시니 사람이 생령이 된지라(창세기 2장 7절)

어떤 사람이 밤늦게 공원 벤치에 홀로 앉아 사색에 잠겨있었습니다. 자정이 지나 그곳을 순찰하던 경찰이 수상하게 여겨 물었습니다. "당신은 누구요? 대체 뭘 하는 사람이요?"

그러나 대답이 없었습니다. 자꾸 물으니까 그 사나이는 마침내 일어나 이렇게 말했습니다. "나도 바로 그것이 알고 싶소. 대체 나는 뭘 하는 사람입니까?"

그 사나이가 바로 세계적인 철학자 쇼펜하우어입니다. 쇼펜하우어 같은 철학자조차도 '나는 누구인가?' 라는 물음에 제대로 답을 얻지 못하였습니다. 그는 왜 대답을 못했을까요? 이 질문에 대해 확신을 갖고 대답할 수 있는 사람은 행복한 사람입니다. 당신은 어떻습니까?

1. 인간의 시초는 무엇입니까?

인간의 역사가 있은 후에 많은 학자들은 인간의 기원에 대해 많은 연구를 했습니다. 19세기에 와서 찰스 다윈은 인간은 미생물에서 진화했다고 하는 학설을 주장했습니다. 즉 원숭이가 인간의 조상이라는 것입니다. 그리고 모든 학교에서는 이것이 인류의 생성과정의 정설인 양 가르치고 있습니다. 당신은 어떻게 생각하고 있습니까?

2. 인간은 하나님의 피조물입니다.

인간은 하나님의 피조물입니다. 이 사실을 성경은 분명하게, 확실하게 가르쳐주고 있습니다.

1) 생령인 사람입니다.

"여호와 하나님이 흙으로 사람을 지으시고 생기를 그 코에 불어넣으시니 사람이 생령이 된지라"(창세기 2장 7절).

하나님께서 흙으로 사람을 만드시고 그 코에 생기를 불어넣어 주셨습니다. 사람이 생령이 되었습니다. 생령은 하나님께서 주신 기운입니다. 생령은 생명이 있는 영적 존재라는 말입니다. 생령(生靈, Living Soul)이란 살아있는 기운을 말합니다. 이를 하나님께서 인간에게만 주셨습니다. 그러므로 생령을 받은 인간은 하나님과 영적으로 교제할 수 있습니다.

2) 의와 거룩함으로 지음 받은 존재입니다.

"하나님이 자기 형상 곧 하나님의 형상대로 사람을 창조하시되 남자와 여자를 창조하시고"(창세기 1장 27절).

하나님은 인간을 하나님의 형상대로 만드셨습니다. 하나님은 인간을 동물과 다르게 만드셨습니다. 인간에게만 의를 찾고, 진리를 찾고, 거룩함을 찾는 마음을 주셨습니다. 이것이 하나님의 형상입니다. 동물이나 식물은 의를 찾고 진리를 찾고 거룩함을 찾지 않습니다. 오직 인간만이 그것을 추구합니다.

3. 하나님의 형상

> 하나님의 형상(Image of God) : 창조 때에 인간에게 주어진 하나님의 속성

"저희 총명이 어두워지고 저희 가운데 있는 무지(無知)함과 저희 마음이 굳어짐으로 말미암아 하나님의 생명에서 떠나 있도다"(에베소서 4장 18절).

인간들은 하나님께 불순종함으로 하나님의 생명을 잃어버렸습니다. 그래서 인간 세상에 죄가 들어왔고 그 결과 사망(죽음)이 왔고, 저주받은 인생이 되었고, 병마로 고생하게 되었으며, 가난에 허덕이며 살아가는 불쌍하고 처량한 신세가 되었습니다.

4. 그리스도께서 오신 이유

"하나님을 따라 의와 진리의 거룩함으로 지으심을 받은 새사람을 입으라"(에베소서 4장 24절).

예수 그리스도는 잃어버린 하나님의 형상을 찾아주려고 오셨습

니다. 예수님은 오셔서 십자가에서 피 흘려 죽으셨습니다. 그 피를 믿으면 의롭다 함을 얻고 하나님의 진노에서 구원을 얻습니다(로마서 5장 8-9절). 그러면 새사람이 됩니다. 중요한 것은 이 예수를 구주로 믿고 내 죄를 깨닫고 뉘우치고 회개했을 때, 예수의 피가 내 죄를 씻어 주시는 것입니다.

1) 예수님은 죽음에서 우리를 구원해주시기 위해 오셨습니다. 예수님은 잃어버린 천국을 회복하게 해주십니다.

"하나님이 세상을 이처럼 사랑하사 독생자를 주셨으니 이는 저를 믿는 자마다 멸망치 않고 영생을 얻게 하려 하심이니라"(요한복음 3장 16절).

2) 예수님은 우리들의 육신의 병을 치료해주시기 위해 오셨습니다.

"저물매 사람들이 귀신 들린 자를 많이 데리고 예수께 오거늘 예수께서 말씀으로 귀신들을 쫓아내시고 병든 자를 다 고치시니"(마태복음 8장 16절).

3) 예수님은 우리들의 정신적인 문제를 해결해주시기 위해 오셨습니다.

"수고하고 무거운 짐 진 자들아 다 내게로 오라 내가 너희를 쉬게 하리라"(마태복음 11장 28절).

4) 예수님은 우리들의 물질적인 문제를 해결해주시기 오셨습니다.
"도적이 오는 것은 도적질하고 죽이고 멸망시키려는 것뿐이요 내가 온 것은 양으로 생명을 얻게 하고 더 풍성히 얻게 하려는 것이라"(요한복음 10장 10절).

오페라 가수 삐볼리슈는 세계적인 인기를 얻었습니다. 그런데 그는 인기를 얻을수록 영적인 고갈을 느꼈습니다. 그는 빌리 그레이엄 목사의 전도집회에 참석하고 큰 은혜를 받았습니다. 예수 그리스도를 구주로 영접했습니다. 그는 넘치는 기쁨을 가졌고, 오페라 가수생활을 청산하였습니다. 그리고 빌리 그레이엄 전도단을 수행하며 하나님을 찬양했습니다. 그가 즐겨 부르는 노래는 102장 찬송입니다.

"주 예수보다 더 귀한 것은 없네.
이 세상 부귀와 바꿀 수 없네.
영 죽을 내대신 돌아가신 그 놀라운 사랑 잊지 못해

세상 즐거움 다 버리고 세상 자랑 다 버렸네.
주 예수보다 더 귀한 것은 없네. 예수 밖에는 없네."

나의 삶에 적용

❶ 당신은 인간의 시초를 어떻게 생각하십니까?

❷ 예수 그리스도 안과 밖의 생활을 비교해보십시오.

| 제3과

구원받은 자가 받는 복

하나님이 세상을 이처럼 사랑하사 독생자를 주셨으니 이는 저를 믿는 자마다 멸망치 않고 영생을 얻게 하려 하심이니라(요한복음 3장 16절)

내가 진실로 진실로 너희에게 이르노니 내 말을 듣고 또 나 보내신 이를 믿는 자는 영생을 얻었고 심판에 이르지 아니하나니 사망에서 생명으로 옮겼느니라(요한복음 5장 24절)

하나님과의 관계 속에 살도록 지음 받은 인간은 죄로 말미암아 하나님의 형상이 파괴되었고 그 결과 죄악에 빠진 모든 인간은 낙원(Paradise)에서 실낙원(Paradise Lost)으로 추락하게 되었습니다. 생명의 주인을 잃어버린 인간은 허탄한 생각을 따르며, 세상의 썩어질 것을 위해 무의미한 삶을 살게 되었습니다. 그러나 사랑이신 하나님은 더 이상 인간이 죄에 빠져 헤매는 것을 방관하지 않으시고 구원하셨습니다. 구원받는다는 것은 "예수 그리스도를 나의 구주, 나의 하나님으로 믿어 죄악의 사슬에서 벗어나 하나님의 자녀가 되는 것"입니다. 이것은 나의 행위나 공로에 의해서가 아니라 예수를 구주로 믿는 자에게 값없이 주시는 하나님의 은혜의 선물입니다.

1. 구원이란 무엇인가요?

1) 죄와 사망과 사단에게서 해방되는 것입니다.

"이는 그리스도 안에 있는 생명의 성령의 법이 죄와 사망의 법에서 너를 해방하였음이라"(로마서 8장 2절).

2) 죽음에서 건짐을 받고 심판(지옥)에 이르지 않는 것입니다.

"내가 진실로 진실로 너희에게 이르노니 내 말을 듣고 또 나 보내신 이를 믿는 자는 영생을 얻었고 심판에 이르지 아니하나니 사망에서 생명으로 옮겼느니라"(요한복음 5장 24절).

3) 하나님을 만나는 것입니다.

"예수께서 가라사대 내가 곧 길이요 진리요 생명이니 나로 말미암지 않고는 아버지께로 올 자가 없느니라"(요한복음 14장 6절).

4) 영생을 얻는 것입니다.

"하나님이 세상을 이처럼 사랑하사 독생자를 주셨으니 이는 저를 믿는 자마다 멸망치 않고 영생을 얻게 하려 하심이니라"(요한복음 3장 16절).

5) 생명을 얻는 것입니다.

"아들이 있는 자에게는 생명이 있고 하나님의 아들이 없는 자에게는 생명이 없느니라"(요한일서 5장 12절).

2. 구원받는 방법은 무엇인가요?

많은 사람들은 자기의 생각과 방법, 노력을 통하여 구원에 이르려고 애쓰고 있습니다. 다른 종교도 같습니다. 수양, 선행, 구제가 죄를 없애고 구원받을 수 있는 도구로 생각합니다.

그러나 사도행전 4장 12절에서는 분명히 선언합니다. "다른 이로서는 구원을 얻을 수 없나니 천하 인간에 구원을 얻을 만한 다른 이름을 우리에게 주신 일이 없음이니라."

　구원은 "예수 그리스도를 나의 구주, 나의 하나님으로 믿을 때" 얻게 됩니다. 이제까지는 내 마음대로 살아왔지만 이제는 예수를 나의 모든 삶을 지배하시는 "왕"으로, 나의 모든 죄를 용서해 주시는 "제사장"으로, 나를 언제나 진리의 말씀으로 인도하시는 "선지자"로 믿는 것입니다. 이것은 나의 행위나 공로에 의해서가 아니라 "믿는 자에게 값없이 주시는 하나님의 은혜의 선물"(에베소서 2장 8-9절)입니다. 이 사실을 믿고 입으로 시인하여 예수님을 영접하는 순간 하나님께서 영원한 새 생명을 넣어 주십니다. 사단의 지배에서 벗어나 하나님의 자녀가 됩니다. 이제는 육에 속한 자가 아니라 "그리스도 안에 있는 새로운 피조물"(고린도후서 5장 17절)로 변화되는 것입니다.

　예수님께서 당신의 죄를 위하여 죽으셨습니다. 이 사실을 인정하는 것을 믿음이라 합니다. 구원은 오직 하나님의 선물입니다.

　간절한 마음으로 다음 기도를 따라 해보십시오.

"살아 계신 하나님!
나는 죄인인 것을 인정하고 회개합니다.
지금 이 시간 예수님을 나의 구주로 영접합니다.

나의 인생에 오셔서 나를 주장해주시옵소서.
예수님 이름으로 기도드립니다. 아멘."

당신은 지금 예수님을 구주로 영접함으로 하나님의 자녀가 되었습니다.

하나님의 자녀로 새 생명 얻은 것을 축하드립니다. 예수 그리스도께서 당신을 구원하셨고 이제부터 당신과 함께 하실 것입니다.

3. 구원받은 자가 받는 복

1) 하나님의 거룩한 자녀가 되고 새로운 피조물이 됩니다.

"영접하는 자 곧 그 이름을 믿는 자들에게는 하나님의 자녀가 되는 권세를 주셨으니"(요한복음 1장 12절).

"그런즉 누구든지 그리스도 안에 있으면 새로운 피조물이라 이전 것은 지나갔으니 보라 새것이 되었도다"(고린도후서 5장 17절).

2) 모든 죄를 용서받게 됩니다.

"그러므로 이제 그리스도 예수 안에 있는 자에게는 결코 정죄함이 없나니 이는 그리스도 예수 안에 있는 생명의 성령의 법이 죄와 사망의 법에서 너를 해방하였음이라"(로마서 8장 1-2절).

3) 성령의 인도를 받게 됩니다.

"그러하나 진리의 성령이 오시면 그가 너희를 모든 진리 가운데로 인도하시리니 그가 자의로 말하지 않고 오직 듣는 것을 말하시며 장래 일을 너희에게 알리시리라"(요한복음 16장 13절).

4) 기도의 응답을 받게 됩니다.

"내 이름으로 무엇이든지 내게 구하면 내가 시행하리라"(요한복음 14장 14절).

5) 하나님의 자녀로서의 권세를 받게 됩니다.

"영접하는 자 곧 그 이름을 믿는 자들에게는 하나님의 자녀가 되는 권세를 주셨으니"(요한복음 1장 12절).

"믿는 자들에게는 이런 표적이 따르리니 곧 저희가 내 이름으로 귀신을 쫓아내며 새 방언을 말하며 뱀을 집으며 무슨 독을 마실찌라도 해를 받지 아니하며 병든 사람에게 손을 얹은즉 나으리라 하시더라"(마가복음 16장 17-18절).

6) 생명을 얻으며 풍성한 삶을 얻습니다.

"도적이 오는 것은 도적질하고 죽이고 멸망시키려는 것뿐이요 내가 온 것은 양으로 생명을 얻게 하고 더 풍성히 얻게 하려는 것이라"(요한복음 10장 10절).

7) 승리하는 삶을 살게 됩니다.

"그러나 이 모든 일에 우리를 사랑하시는 이로 말미암아 우리가 넉넉히 이기느니라"(로마서 8장 37절).

8) 나를 십자가에 못 박고 예수님만 자랑하면서 살게 됩니다.

"내가 그리스도와 함께 십자가에 못 박혔나니 그런즉 이제는 내가 산 것이 아니요 오직 내 안에 그리스도께서 사신 것이라 이제 내가 육체 가운데 사는 것은 나를 사랑하사 나를 위하여 자기 몸을 버리신 하나님의 아들을 믿는 믿음 안에서 사는 것이라"(갈라디아서 2장 20절).

예수를 주님으로 모시게 될 때 이와 같은 놀랍고 복된 삶이 이루어지게 됩니다. 그러나 이것이 신앙생활의 완성은 아닙니다. 이제부터는 성령의 인도하심을 따라 주님과 동행하는 삶을 통하여 점점 자라나는 것입니다.

5. 구원받은 자의 삶

1) 예배드리기를 즐겨해야 합니다. 주일 성수해야 합니다.

"하나님은 영이시니 예배하는 자가 신령과 진정으로 예배할지니라"(요한복음 4장 24절).

"만일 안식일에 네 발을 금하여 내 성일에 오락을 행치 아니하고 안식일을 일컬어 즐거운 날이라, 여호와의 성일을 존귀한 날이라 하여 이를 존귀히 여기고 네 길로 행치 아니하며 네 오락을 구치 아니하며 사사로운 말을 하지 아니하면 네가 여호와의 안에서 즐거움을 얻을 것이라 내가 너를 땅의 높은 곳에 올리고 네 조상 야곱의 업으로 기르리라 여호와의 입의 말이니라"(이사야 58장 13-14절).

2) 기도해야 합니다.

"시험에 들지 않게 깨어 있어 기도하라 마음에는 원이로되 육신이 약하도다 하시고"(마가복음 14장 38절).

3) 전도해야 합니다.

"너는 말씀을 전파하라 때를 얻든지 못 얻든지 항상 힘쓰라 범사에 오래 참음과 가르침으로 경책하며 경계하며 권하라"(디모데후서 4장 2절).

4) 감사의 생활을 해야 합니다.

"항상 기뻐하라 쉬지 말고 기도하라 범사에 감사하라 이는 그리스도 예수 안에서 너희를 향하신 하나님의 뜻이니라"(데살로니가전서 5장 16-18절).

구원받은 자는 삶의 중심이 바뀌어야 합니다. 지금까지는 모든 일이 내 중심이었습니다. 그러나 이제부터는 하나님 중심, 교회 예배 중심, 기도생활 중심이 되어야 합니다. 그럴 때 우리의 삶이 달라지고 복 받은 자의 삶을 살게 됩니다.

나의 삶에 적용

❶ 구원받은 자의 복은 무엇인지 나누어 보십시오.

❷ 나의 삶 속에서 예수님을 영접한 후 변화된 것은 무엇입니까?

| 제4과

천국은 어떻게 갑니까?

예수께서 가라사대 내가 곧 길이요 진리요 생명이니 나로 말미암지 않고는 아버지께로 올 자가 없느니라(요한복음 14장 6절)
너희가 그 은혜를 인하여 믿음으로 구원을 얻었나니 이것이 너희에게서 난 것이 아니요 하나님의 선물이라 행위에서 난 것이 아니니 이는 누구든지 자랑치 못하게 함이니라(에베소서 2장 8-9절)

　죽었다는 것은 존재가 없어졌다는 말이 아니라 생명의 근원이신 하나님과의 관계가 끊어졌다는 말입니다. 생명의 근원이신 하나님으로부터 분리된 인간은 뿌리로부터 꺾어져 나온 꽃꽂이 한 꽃과 같습니다. 그러나 믿는 자들은 거듭난 자들로 죽음을 두려워하지 않습니다. 하나님의 영원한 생명에 연결되었기 때문입니다. 예수님을 통해 거듭 태어난 사람이라면 누구나 천국을 확신합니다. 그렇다면 하나님의 자녀가 된 우리가 영원한 천국에 들어가는 것을 확신하는 이유는 무엇입니까?

1. 하나님을 믿기 때문입니다

"아들이 있는 자에게는 생명이 있고 아들이 없는 자에게는 생명이 없느니라"(요한일서 5장 12절).

1) 유일하신 성부 하나님을 믿기 때문입니다.

하나님은 천지만물과 온 우주의 창조주이시며 통치자십니다. 성부·성자·성령의 삼위일체이신 하나님은 영원 전부터 존재하신 분입니다.

2) 성자 예수 그리스도를 믿기 때문입니다.

예수님은 완전한 인간으로서 모든 사람을 구원하시기 위해 십자가에 못 박혀 죽으셨습니다. 하지만 죄와 사망을 이기시고 죽은 자 가운데서 부활하셔서 하나님의 아들로 인정받으시고 하나님 보좌 우편에 앉으셨습니다. 예수님은 장차 만왕의 왕, 만유의 주로서 재림하실 것입니다.

3) 보혜사 성령 하나님을 믿기 때문입니다.

성령은 구원받은 성도들이 살아가는 데 필요한 능력과 영적 진리들을 깨닫게 하며, 완전한 구원의 날까지 우리들 속에 내주하시는 분입니다. 특별히 성도들에게 영적 은사들을 주셔서 이 땅의 삶을 승리하도록 인도하십니다.

2. 거듭남을 확신하기 때문입니다.

"영접하는 자 곧 그 이름을 믿는 자들에게는 하나님의 자녀가 되는 권세를 주셨으니 이는 혈통으로나 육정으로나 사람의 뜻으로 나지 아니하고 오직 하나님께로서 난 자들이니라"(요한복음 1장 12-13절).

1) 하나님 말씀으로 거듭남을 믿습니다.

성경은 인생들을 위한 하나님의 말씀입니다. 그리스도인의 믿음과 삶의 표준인 성경은 성령의 감동에 의해 기록되었기 때문에 전혀 오류가 없는 하나님의 말씀으로 거듭나게 하고 구원을 확신케 합니다.

"너희가 거듭난 것이 썩어질 씨로 된 것이 아니요 썩지 아니할 씨로 된 것이니 하나님이 살아 있고 항상 있는 말씀으로 되었느니라"(베드로전서 1장 23절).

2) 내 자신의 모든 죄를 깨닫고 회개함으로 거듭났습니다.

인간들은 죄로 인해서 하나님께로 분리되었고, 죄 가운데 거함으로써 저주가 임하게 되었습니다. 그러나 이제는 예수님을 믿어 죄를 깨닫고 회개함으로 거듭났습니다.

3) 예수 그리스도를 믿고 영접함으로 거듭났습니다.

마음 문을 열고 예수님을 나의 구주, 나의 하나님으로 모셔 들이고 거듭나면 하나님의 자녀가 되며, 하나님께서 예비하신 풍성한 복을 받고 새로운 삶을 살게 됩니다.

3. 영원한 생명을 선물로 받았기 때문입니다.

"하나님이 세상을 이처럼 사랑하사 독생자를 주셨으니 이는 저를 믿는 자마다 멸망치 않고 영생을 얻게 하려 하심이니라"(요한복음 3장 16절).

1) 하나님의 선물인 천국은 믿음을 통해 얻습니다.

하나님 나라는 내 노력이나 경험, 힘, 기술 같은 것으로 들어갈 수 없습니다. 영원히 죽을 수밖에 없는 인간을 위해 대신 십자가에서 죽으신 예수 그리스도를 믿음으로만 가능합니다.

"예수께서 가라사대 내가 곧 길이요 진리요 생명이니 나로 말미암지 않고는 아버지께로 올 자가 없느니라"(요한복음 14장 6절).

2) 하나님의 은혜와 예수 그리스도를 통해 영원한 생명을 얻습니다.

하나님과 영원토록 교제하며 살도록 창조된 인간이 죄로 인하여 하나님과 분리되고 멸망하게 되는 것을 예수님이 해결하셨습니다. 그러므로 누구든지 저를 믿는 자는 멸망치 않고 영생을 얻게 해주셨습니다. 하지만 예수 그리스도를 영접하지 못한 자들은 영원한 지옥형벌을 면하지 못합니다.

4. 천국이 있다고 믿기 때문입니다.

1) 천국은 참으로 아름다운 곳입니다.

천국은 완전무결한 행복과 기쁨으로 가득 찬 곳입니다. 그곳은 눈물, 고통, 배고픔, 질병, 외로움, 고독, 슬픔, 죽음, 죄악이 없는 곳입니다. 그곳이야말로 우리 모두가 가고 싶어 하는 곳이요, 가야 할 곳입니다. 그러나 우리가 천국에 들어가기 위해서 꼭 한 가지 해야 할 일은 예수님을 구주로 영접하는 것입니다.

2) 천국은 하나님의 선물입니다.

돈이나 자격, 선행 등으로 얻어지는 것이 아닙니다. 우리는 소중한 것일수록 비싼 값을 치러야 합니다. 그런데 천국은 값없이 주시는 하나님의 선물입니다. 그러나 공짜로 주는 선물이라고 해서 값싼 은혜는 결코 아닙니다. 오히려 하나님 편에서는 가장 큰 대가, 곧 외아들 예수님의 피 값으로 구원의 길을 열어놓으신 것을 기억해야 합니다.

마치는 말

백두산으로부터 압록강과 두만강이 흘러내립니다. 처음에는 백두산 "천지"라는 호수에 함께 모여 있던 물이 하나는 서편으로 흘러 압록강을 거쳐 황해로 흘러 들어가고, 또 하나는 동편으로 흘러 두만강이 되어 동해로 흘러 들어갑니다. 처음 한곳에 있던 물이 그 방향이 달라짐으로 인해 며칠 후에는 수천 리 떨어진 각각 다른 바다로 가게 됩니다.

인생의 길에도 두 길이 있습니다. 하나는 생명의 길이요, 다른 하나는 사망의 길입니다. 하나는 선의 길이요, 하나는 악의 길입니다. 하나는 의의 길이요, 다른 하나는 불의의 길입니다. 예수 그리스도를 믿는다는 것은 생명의 길을 택하는 것이요, 그 길은 결국 승리와 영원한 생명을 얻는다는 말이기도 합니다. 천국에 간다는 말입니다. 예수 그리스도는 길이요 진리요 생명입니다.

나의 삶에 적용

❶ 천국은 어떻게 갑니까?

❷ 천국에 꼭 같이 가야할 사람이 생각나면 그를 위해서 간절히 기도하십시오.

| 제5과

하나님의 사랑

그런즉 이 일에 대하여 우리가 무슨 말하리요 만일 하나님이 우리를 위하시면 누가 우리를 대적하리요 자기 아들을 아끼지 아니하시고 우리 모든 사람을 위하여 내어주신 이가 어찌 그 아들과 함께 모든 것을 우리에게 은사로 주지 아니하시겠느뇨(로마서 8장 31-32절)

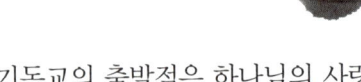

    기독교의 출발점은 하나님의 사랑입니다. 하나님의 사랑에서부터 위대한 사건들이 일어났습니다. 예수 그리스도는 우리 인류 속에 오신 하나님의 사랑입니다. 하나님의 위대한 사랑에 부딪힐 때 우리의 삶에 위대한 변화가 일어납니다. 하나님의 놀라운 사랑을 받을 때 영생을 얻습니다. 참된 기쁨이 샘솟습니다. 병든 마음과 몸이 치유됩니다. 능력을 받습니다. 우리의 운명이 바뀝니다.

1. 하나님께서는 인간을 얼마나 사랑하십니까?

"하나님이 세상을 이처럼 사랑하사 독생자를 주셨으니 이는 저를 믿는 자마다 멸망치 않고 영생을 얻게 하려 하심이니라"(요한복음 3장 16절).

하나님께서는 이토록 인간을 사랑하십니다. 이처럼 자기 아들을 아끼지 아니하시고 우리 모든 사람을 위하여 내어주시기까지 사랑하셔서 우리를 죄에서 구원하셨습니다.

"능히 모든 성도와 함께 지식에 넘치는 그리스도의 사랑을 알아 그 넓이와 길이와 높이와 깊이가 어떠함을 깨달아 하나님의 모든 충만하신 것으로 너희에게 충만하시기를 구하노라"(에베소서 3장 18-19절).

1) "지식에 넘치는 사랑"이란 무엇일까요?

지식을 초월한 사랑, 인간의 어떤 지식으로도 알 수 없고 표현할 수 없는 십자가의 사랑입니다.

2) 하나님 사랑의 "넓이와 길이와 높이와 깊이"란 무엇일까요?
⑴ 넓은 사랑이란, 누구든지 사랑하는 사랑입니다. 어떤 죄인도 하나님은 사랑하십니다.
⑵ 긴 사랑이란, 영원히 하는 사랑입니다. 세상의 사랑은 변해도 하나님의 사랑은 변치 않습니다.
⑶ 높은 사랑이란, 가장 고상한 사랑, 가장 위대한 사랑, 가장 귀한 사랑입니다.
⑷ 깊은 사랑이란, 마음속 깊은 곳을 알고 사랑하는 것입니다.

2. 하나님의 사랑은 어떤 사랑입니까?

1) 먼저 우리를 사랑하셨습니다.

"사랑은 여기 있으니 우리가 하나님을 사랑한 것이 아니요 오직 하나님이 우리를 사랑하사"(요한일서 4장 10절).
"그가 먼저 우리를 사랑하셨음이라"(요한일서 4장 19절).

인간들은 하나님을 떠났어도 이러한 인간들을 하나님은 버리지 않으시고 일방적으로 사랑하셨고, 아무런 조건 없이 먼저 사랑하셔서 외아들(예수)을 보내주셨습니다.

2) 연약한 자를 사랑하셨습니다.

"…하나님의 사랑이 우리 마음에 부은바 됨이니 우리가 아직 연약할 때에 기약대로 그리스도께서 경건치 않은 자를 위하여 죽으셨도다"(로마서 5장 5-6절).

연약한 그 모습 그대로 사랑하십니다. 그래서 강하게 하십니다.

3. 하나님께서는 인간을 사랑하셔서 무엇을 하셨나요?

1) 예수님을 화목제물로 주셨습니다.

"오직 하나님이 우리를 사랑하사 우리 죄를 위하여 화목제로 그 아들을 보내셨음이니라"(요한일서 4장 10절).

> 화목제 : 하나님과의 깨어진 관계를 회복시키기 위해 드리는 희생제사

2) 허물로 죽은 우리를 그리스도와 함께 살리셨습니다.

"긍휼에 풍성하신 하나님이 우리를 사랑하신 그 큰사랑을 인하여 허물로 죽은 우리를 그리스도와 함께 살리셨고"(에베소서 2장 4-5절).

하나님의 사랑을 받고 우리는 살아났습니다. 하나님을 떠났을

때 우리는 영적으로 죽어 있었습니다. 하나님과 단절되었습니다. 이렇게 죽었던 우리를 하나님은 살리셨고, 죄와 어두움, 무기력, 저주와 사망의 권세 아래 살던 우리를 구원하셔서 영생을 주시고 풍성한 삶을 주셨습니다.

4. 하나님 사랑을 받은 사람의 확신은 무엇인가요?

1) 세상의 어떤 것도 하나님의 사랑을 끊지 못함을 확신합니다.

"높음이나 깊음이나 다른 아무 피조물이라도 우리를 우리 주 그리스도 예수 안에 있는 하나님의 사랑에서 끊을 수 없으리라"(로마서 8장 39절).

당신의 부족함과 연약함과 무능력과 열등감을 주님은 상관하지 않으십니다. 주님은 사랑으로 당신을 꽉 붙잡고 계십니다.

2) 어떤 시험이 와도 이길 수 있음을 확신합니다.

"그러나 이 모든 일에 우리를 사랑하시는 이로 말미암아 우리가 넉넉히 이기느니라"(로마서 8장 37절).

당신의 인생은 어떠합니까? 주님께서 이기게 하셨기에 오늘 당신이 있습니다. 그것이 주님의 사랑입니다. 이것을 느끼며 감사하십니까?

　어떤 사람이 바닷가 모래 위에 찍힌 발자국을 보았습니다. 그것은 자기가 걸어온 인생의 발자국이었습니다. 그 옆에 또 한 사람의 발자국이 있었습니다. 그것은 분명히 주님의 발자국이었습니다. 두 사람의 발자국은 다정하게 나란히 계속되었습니다. 그런데 어디서부터인가 한 사람의 발자국이 없어졌습니다. 발자국의 주인은 슬퍼졌습니다. 그때가 바로 자신이 가장 힘들고 어려웠던 때였기 때문입니다. 그리하여 주님께 항변하듯 물었습니다. "주님! 주님마저 왜 그때 저를 떠나셨습니까?" 그때 주님께서 말씀하셨습니다. "애야, 나는 너를 결코 떠나지 않았다. 영원히 떠나지 않을 것이다. 그때 홀로 남은 발자국은 나의 발자국이란다. 나는 너를 업고 걸어갔단다."

　이 사실을 당신은 확신해야 합니다. 하나님은 항상 당신과 함께 하십니다. 주님께서 세상 끝 날까지 우리와 항상 함께 있으리라 하신 말씀을 믿고 오늘도 전진해야 합니다.

나의 삶에 적용

❶ 하나님의 사랑은 어떤 것입니까?

❷ "나는 하나님의 자녀이다. 하나님은 나를 사랑하신다."라고 소리 내어 여러 번 말해보십시오.

| 제6과

믿음이란 무엇입니까?

내가 그리스도와 함께 십자가에 못박혔나니 그런즉 이제는 내가 산 것이 아니요 오직 내 안에 그리스도께서 사신 것이라 이제 내가 육체 가운데 사는 것은 나를 사랑하사 나를 위하여 자기 몸을 버리신 하나님의 아들을 믿는 믿음 안에서 사는 것이라(갈라디아서 2장 20절)

믿음이 없이는 기쁘시게 못하나니 하나님께 나아가는 자는 반드시 그가 계신 것과 그가 또한 자기를 찾는 자들에게 상주시는 이심을 믿어야 할지니라(히브리서 11장 6절)

하나님의 구원이 나의 사건이 되기 위해서는 믿음이 있어야 합니다. 오직 믿음을 통해 우리는 구원을 받습니다. 하나님의 구원은 하나님의 사랑의 표현입니다. 우리를 구원하시는 하나님의 사랑을 받을 때 우리의 삶은 변화됩니다. 우리 삶에는 하나님의 위대한 뜻이 임합니다. 그 뜻을 이루게 하는 하나님의 그 크신 사랑, 우리를 구원하고 변화시키고, 우리에게 능력을 주고 위대한 역사를 이루시는 하나님의 사랑은 믿음이라는 통로를 통해 나에게 들어옵니다.

이 공부를 통해 우리 심령에 믿음이 생겨나고, 믿음이 더욱 강해지고, 우리 생활 중에 믿음의 위대한 역사들이 나타날 수 있기를 바랍니다.

믿음의 네 가지 정의

1) 시인(Acknowledgement)

"주는 그리스도시요 살아 계신 하나님의 아들이시니이다"(마태복음 16장 16절).

> 베드로는 예수님을 "주는 그리스도시요 살아 계신 하나님의 아들이시니이다"라고 고백하고 있습니다.

"네가 만일 네 입으로 예수를 주로 시인하며 또 하나님께서 그를 죽은 자 가운데서 살리신 것을 네 마음에 믿으면 구원을 얻으리니"(로마서 10장 9절).

무엇을 시인하고 믿으면 구원을 받는다고 했습니까?

입으로 예수를 주로 시인하고, 하나님께서 예수를 죽은 자 가운데서 살리신 것을 마음에 믿으면 구원을 얻는다는 말씀입니다.

믿음은 예수님께서 하나님의 아들 되심과 인류를 죄에서 구원하시기 위해 십자가에서 죽으셨다가 다시 살아나셨다는 사실을 알고(to know), 시인(to acknowledge)하는 것입니다.

2) 영접(Acceptance)

"영접하는 자 곧 그 이름을 믿는 자들에게는 하나님의 자녀가 되는 권세를 주셨으니"(요한복음 1장 12절).

어떤 사람들에게 하나님의 자녀가 되는 권세를 주셨다고 했습니까?

영접하는 자, 곧 예수의 이름을 믿는 자들은 하나님의 자녀가 되는 권세를 받는다는 것입니다.

"볼지어다 내가 문밖에 서서 두드리노니 누구든지 내 음성을 듣고 문을 열면 내가 그에게로 들어가 그로 더불어 먹고 그는 나로 더불어 먹으리라"(요한계시록 3장 20절).

예수님을 영접한다는 것은 어떻게 하는 것입니까?

예수님을 영접한다는 것은 예수의 음성(말씀)을 듣고, 마음 문을 열고, 내 마음속에, 내 생활 속에 예수께서 들어오시게 하여, 예수님과 함께 영적으로 친밀히 대화하고 교제하며 함께 살아가는 것을 말합니다.

믿음이란 이렇게 예수님을 내 마음속에 영접하는 것입니다. 내 마음에 영접한 예수님께서는 이제 나의 구주(救主, The Savior: 죄에서 구원해주시는 주님)요, 나의 주(主, The Lord: 삶을 다스리는 주인)가 되십니다.

3) 맡김(Commitment)

"이를 인하여 내가 또 이 고민을 받되 부끄러워하지 아니함은 나의 의뢰한 자를 내가 알고 또한 나의 의뢰한 것을 그날까지 저가 능히 지키실 줄을 확신함이라"(디모데후서 1장 12절).

당신은 당신이 믿고 있는 예수님을 알고 계십니까? 당신이 믿고 있는 예수님은 어떤 분입니까?

당신을 능히 지켜주실 자로 확신하시고 있습니까? 당신은 그분께 무엇을 맡기고 있습니까?

4) 받음(Reception)

다음 성구들을 읽어보십시오.

"볼지어다 내가 내 아버지의 약속하신 것을 너희에게 보내리니 너희는 위로부터 능력을 입히울 때까지 이 성에 유하라 하시니라"(누가복음 24장 49절).

"성령을 받으라"(요한복음 20장 22절).

"오직 성령이 너희에게 임하시면 너희가 권능을 받고 예루살렘과 온 유대와 사마리아와 땅 끝까지 이르러 내 증인이 되리라 하시니라"(사도행전 1장 8절).

그리스도인의 삶은 능력의 삶입니다. 하나님께서는 이 능력을 약속하셨고, 이 능력을 받으라고 명하셨습니다. 이 능력은 어떻게 받을 수 있습니까? 이 능력을 받게 하는 통로는 바로 믿음입니다.

"할 수 있거든이 무슨 말이냐 믿는 자에게는 능치 못할 일이 없느니라"(마가복음 9장 23절).

믿음의 통로가 넓게 열려야 합니다. 그러면 하나님의 능력이 우리에게 임합니다. 당신의 믿음의 통로는 넓게 열려 있습니까?

세상에 빠져 하나님을 멀리한 죄들, 의심, "나는 할 수 없다"는 부정적인 생각, "나는 그 일에 어울리지 않는다."는 부적절감, 왜소 의식, "나는 능력이 없다"는 무능감, 낙심, "나는 역시 어쩔 수 없다"는 좌절감, 위축된 마음, 열등감 등 마음속에 빗장들이 가로

막고 있을 수 있습니다.

그러나 마음 문을 열고 하나님의 뜻에 순종하겠다는 결단을 하십시오. 그때 하나님은 더 큰 믿음을 주십니다.

마치는 말

믿음은 예수님을 하나님의 아들로, 나를 죄악에서 구원해주시는 분으로 알고 시인하는 것입니다. 믿음은 예수 그리스도를 나의 구주로 영접하는 것입니다. 믿음은 나의 주 예수님께 나의 삶을 완전히 맡기며 그 분을 의지하고 사는 것입니다. 믿음은 전능하신 하나님을 믿고 그가 자녀들에게 권능을 주시는 분임을 믿는 것입니다.

나의 삶에 적용

❶ 믿음의 네 가지 정의는 무엇입니까?

❷ 믿음이 무엇인지 생각하고 있는 대로 기록해보십시오.

2단계

교회생활은 어떻게 합니까?

| 제7과

교회란 무엇입니까?

날마다 마음을 같이 하여 성전에 모이기를 힘쓰고 집에서 떡을 떼며 기쁨과 순전한 마음으로 음식을 먹고(사도행전 2장 46절)
너희가 하나님의 성전인 것과 하나님의 성령이 너희 안에 거하시는 것을 알지 못하느뇨 누구든지 하나님의 성전을 더럽히면 하나님이 그 사람을 멸하시리라 하나님의 성전은 거룩하니 너희도 그러하니라(고린도전서 3장 16-17절)

일반적으로 교회를 예배당 건물로만 인식하고 있는 경우가 많이 있습니다. 그러나 예배당은 예배하는 곳은 되지만 진정한 의미에서 교회는 아닙니다. 교회란 건물이 아니라 예수님을 구주로 믿는 사람들의 모임입니다.

교회라는 말은 원래 '에클레시아'라는 희랍어에서 나온 말로

'불리어 나감'이라는 뜻입니다. 희랍인들에게 에클레시아란 '자유민들이 공중의 일을 서로 의논하기 위하여 각 가정이나 직장에서 불리어 나가서 모이는 집회'를 뜻했습니다. 성경에서는 '하나님께 부름 받은 특별한 사람들'이라고 가르칩니다. 이제 당신은 하나님께 부름 받은 사람들 중 한 사람입니다.

1. 교회란 무엇입니까?

"시몬 베드로가 대답하여 가로되 주는 그리스도시요 살아계신 하나님의 아들이시니이다 예수께서 대답하여 가라사대 바요나 시몬아 네가 복이 있도다 이를 네게 알게 한 이는 혈육이 아니요 하늘에 계신 내 아버지시니라 또 내가 네게 이르노니 너는 베드로라 내가 이 반석 위에 내 교회를 세우리니 음부의 권세가 이기지 못하리라"(마태복음 16장 16-18절).

1) 누가 최초로 교회를 세웠습니까?

예수님께서 베드로의 신앙고백 위에 교회를 세우겠다고 약속하셨습니다. 초대교회는 마가 다락방에서 전혀 기도에 힘쓰던 120문도들에게 성령이 임하심으로 시작되었습니다. 그러므로 교회의 주인은 예수 그리스도이십니다.

"또 만물을 그 발아래 복종하게 하시고 그를 만물 위에 교회의 머리로 주셨느니라 교회는 그의 몸이니 만물 안에서 만물을 충만케 하시는 자의 충만이니라"(에베소서 1장 22-23절).

교회의 존재 이유는 각 지체대로 성도를 온전케 하며 봉사의 일을 하게 하여 그리스도의 몸을 세우려는 데 목적이 있습니다.

2) 예수 그리스도와 교회의 관계는 어떻습니까?

예수 그리스도는 교회의 머리요, 교회는 몸입니다.

"너희는 그리스도의 몸이요 지체의 각 부분이라"(고린도전서 12장 27절).

머리는 몸의 중심이며 근본입니다. 머리가 온 몸을 주장하고 지배합니다. 사람의 몸은 머리를 통해 자랍니다. 머리가 온 몸의 근원이 되는 것같이 예수님은 교회에 있는 모든 것의 근본이 되십니다. 사람의 몸이 머리가 분비하는 여러 가지 호르몬으로 자라는 것처럼 교회의 성장은 예수님으로 말미암아 이루어집니다. 그러기에 교회의 모든 중심은 바로 예수님이십니다.

3) 교회는 하나님의 백성이 모인 단체입니다

교회는 예수를 믿어 구원을 받고 예수를 나의 구주로 고백하는 부름 받은 사람들의 공동체 모임입니다.

> "믿는 사람이 다 함께 있어 모든 물건을 서로 통용하고 또 재산과 소유를 팔아 각 사람의 필요를 따라 나눠주고"(사도행전 2장 44-45절).

우리가 믿음을 갖게 된 것은 하나님의 부르심에 의한 것입니다. 교회는 믿는 사람들이 모여서 서로를 위하여 기도하고 돌보아 주며 사랑의 교제를 나눕니다. 바로 이 교제를 통하여 우리는 그리스도 안에서 한 형제가 되며, 천국의 생활을 경험하는 것입니다.

4) 교회는 증거의 공동체입니다

교회가 하는 일은 예수님께서 하셨던 일을 계속하는 것입니다. 예수님이 하신 일 가운데 가장 중요한 일은 세상 사람들을 구원하시기 위해 하나님의 뜻을 증거 하는 일이었습니다. 바로 전도입니다. 그러므로 교회는 무엇보다도 하나님의 구원계획을 세상에 알리고, 복음을 전하는 공동체입니다.

> "그러므로 너희는 가서 모든 족속으로 제자를 삼아 아버지와 아들과 성령의 이름으로 세례를 주고 내가 너희에게 분부한 모든 것을 가르쳐 지키게 하라 볼찌어다 세상 끝날 까지 너희와 항상 함께 있

으리라 하시니라"(마태복음 28장 19-20절).

2. 교회는 어떤 일을 합니까?

"날마다 마음을 같이 하여 성전에 모이기를 힘쓰고 집에서 떡을 떼며 기쁨과 순전한 마음으로 음식을 먹고"(사도행전 2장 46절).

교회는 하나님께 예배드리고, 말씀을 가르치고, 성도들이 서로 교제하며, 이웃에 봉사하고, 복음을 전하는 중요한 일들을 합니다.

1) 하나님께 예배하는 일을 합니다.

하나님을 믿는 증거로 우리는 예배를 합니다. 하나님의 자녀로 함께 모여 예배하는 일은 매우 중요합니다.

"아버지께 참으로 예배하는 자들은 신령과 진정으로 예배할 때가 오나니 곧 이때라 아버지께서는 이렇게 예배하는 자들을 찾으시느니라"(요한복음 4장 23절).

2) 하나님의 말씀을 가르치는 일을 합니다.

신자들이 하나님의 말씀을 배움으로 하나님의 뜻을 알고 믿음을 견고히 하고 경건한 생활을 하게 되며 심령이 자라나는 것입니다.

"읽는 것과 권하는 것과 가르치는 것에 착념하라"(디모데전서 4장 13절).

3) 성도들이 서로 교제하는 일을 합니다.

그리스도인은 사랑과 진리 안에서 서로 교제함으로 위로와 격려가 되고 새로운 힘을 얻게 됩니다.

4) 이웃에게 봉사하는 일을 합니다.

교회는 서로 도우며 섬기는 일과 어려운 처지에 있는 사람을 동정하고 협력하고 위로하며 구제하는 일을 합니다.

"자녀를 양육하며 혹은 나그네를 대접하며 혹은 성도들의 발을 씻기며 혹은 환난 당한 자들을 구제하며 혹은 모든 선한 일을 좇은 자라야 할 것이요"(디모데전서 5장 10절).

5) 복음을 전파하는 일을 합니다.

전도는 예수님의 명령이요, 하나님께서 가장 원하시는 사역으로 국내 전도와 국외 선교를 위해 힘쓰는 것입니다.

"오직 성령이 너희에게 임하시면 너희가 권능을 받고 예루살렘과 온 유대와 사마리아와 땅 끝까지 이르러 내 증인이 되리라 하시니라"(사도행전 1장 8절).

마치는 말

교회는 예수님이 세우셨으며, 예수님이 머리가 되십니다. 교회는 하나님께 예배하는 곳입니다. 교회는 장소가 아니라 사람입니다. 교회는 부름 받은 자들의 공동체 모임입니다. 교회는 천국의 모델입니다. 교회는 한 가족이며 한 지체입니다. 교회는 하나님의 말씀을 가르치는 곳입니다. 우리 성도들은 예수 그리스도께서 세우신 교회의 각 지체로 교회 안에서 서로 연합하여 함께 성숙해가야 합니다.

나의 삶에 적용

❶ 교회는 무엇입니까?
....
....
....
....

❷ 교회가 하는 일은 어떤 것이 있습니까?
....
....
....
....

제8과

주기도문

주기도문(the Lord's prayer)

하늘에 계신 우리 아버지여,
이름이 거룩히 여김을 받으시오며,
나라이 임하옵시며,
뜻이 하늘에서 이룬 것 같이 땅에서도
이루어지이다.
오늘날 우리에게 일용한 양식을 주옵시고,
우리가 우리에게 죄 지은 자를 사하여 준 것 같이
우리 죄를 사하여 주옵시고,
우리를 시험에 들게 하지 마옵시고,
다만 악에서 구하옵소서.
대개 나라와 권세와 영광이
아버지께 영원히 있사옵나이다. 아멘 (마태복음 6장 9-13절)

주기도문은 '주님께서 가르쳐주신 기도문'을 줄여 쓴 말입니다. 그냥 '주기도문'이라고 하는 것보다 '주님께서 가르쳐주신 기도문'이라고 하는 것이 더 정확히 그 의미를 나타낼 수는 있지만 편의상 '주기도문'이라고 교회에서 불리게 되었습니다. 신앙생활을 처음 시작하고 또 세례를 받는 경우에 이 기도문은 꼭 암송하게 할 만큼 중요한 기도문입니다. 그렇기에 주기도문을 왜 주님께서 가르쳐주셨고 그 성격을 살펴보는 것이 필요합니다. 성경에는 주님께서 가르쳐주신 기도문이 마태복음과 누가복음 두 곳에 기록되어 있는데, 우리가 암송하는 말씀은 마태복음 6장 9-11절의 말씀입니다. 하지만 누가복음의 기도문도 같은 중요성을 가지고 있는 기도문입니다.

1. 주기도문은 기도의 내용을 알려주는 주님의 선물입니다.

"선생님이여 율법 중에 어느 계명이 크니이까 예수께서 가라사대 네 마음을 다하고 목숨을 다하고 뜻을 다하여 주 너의 하나님을 사랑하라 하셨으니 이것이 크고 첫째 되는 계명이요 둘째는 그와 같으니 네 이웃을 네 몸과 같이 사랑하라 하셨으니 이 두 계명이 온 율법과 선지자의 강령이니라"(마태복음 22장 36-40절).

예수님이 사셨던 당시에는 유대교 내에 바리새파, 에세네파 등 여러 분파가 있었고 그 각 분파들은 자신들의 신앙과 구체적인 삶의 방향을 제시하는 기도문을 가지고 있었습니다.

"예수께서 한 곳에서 기도하시고 마치시매 제자 중 하나가 여짜오되 주여 요한이 자기 제자들에게 기도를 가르친 것과 같이 우리에게도 가르쳐 주옵소서"(누가복음 11장 1절)에서 볼 수 있듯이 세례 요한도 자신의 제자들에게 자신의 신앙과 사상을 담은 기도문을 가르쳐 준 것 같습니다.

예수님을 열심히 따라다녔던 제자들은 예수님이 진정 세상의 다른 분파나 위인들과는 다른 하나님의 아들이심을 조금씩 깨닫게 되었고 하나님나라에 대해, 그분이 말씀하시는 하나님의 사랑에 대해 듣고 깊은 감동을 받게 되었습니다. 그래서 그들도 자신들의 신앙에 맞는 기도문이 필요하다고 느끼게 된 것입니다. 그래서 예수님께 기도를 가르쳐달라고 요청했습니다. 그들의 요청에 예수님께서는 기꺼이 기도문을 가르쳐 주신 것입니다. 그러기에 이 기도문은 예수를 구주로 믿고 하나님을 섬기는 사람들이 항상 어떻게 기도해야 하며 어떻게 신앙생활을 해야 하는지를 담고 있는 예수님이 주신 소중한 선물입니다.

2. 주기도문은 교회의 기도문입니다.

예수님 당시 유대교 안에서는 몇 개의 중요한 기도문이 공적인 기도로 사용되었습니다. 그것은 '카다쉬'나 '18번 축복기도'와 같은 것들입니다. 처음에는 이러한 기도문과 함께 주기도문이 회당에서 드려졌습니다. 하지만 시간이 지나도 유대교에서는 예수를 구주로 믿지 않게 되었고 그들은 주기도문보다 예전부터 전해 내려오는 기도문(시편도 기도문의 한 형태임)을 그들의 예식 때 사용하게 됩니다. 이들과 기독교인들과의 구분을 위해서 교회는 주기도문을 공식적인 기도문으로 사용하게 되었고 그것이 지금에까지 이르게 된 것입니다.

다른 종교에서도 기도의 여러 가지 모습이 있고 또 다양한 기도문도 있겠지만 예수를 구주로 고백하는 교회의 공식적인 기도문은 주님께서 직접 가르쳐주신 주기도문이 되어야 합니다. 주님께서 새벽 미명에 기도하신 본을 따라 우리도 기도의 삶으로 우리의 삶을 채워나가야 합니다.

3. 주기도문은 주님의 가르침과 복음의 중심입니다.

주기도문은 산상보훈(마태복음 5장-7장)에 나오는 말씀입니다. 산상보훈은 예수님의 말씀의 정수라고 불리기도 하고 '천국의 대헌장'이라고 불리기도 하는 소중한 말씀입니다.

이 산상보훈의 첫 장인 5장에서는 그리스도인의 정체성을 드러내는 말씀들이 나옵니다. 심령이 가난한 자가 되어야 하고 세상의 소금과 빛으로 살아야 한다는 등의 말씀들입니다. 그리고 마지막 7장에서는 열매를 맺는 삶으로 자신의 신앙을 보여주어야 한다고 말씀합니다.

그리고 그 중심인 6장에서는 그렇게 예수를 따라 열매를 맺는 삶을 위해 해야 할 것, 즉 자신의 것을 나누는 구제생활, 하나님을 의지하며 살아가는 기도생활, 자신의 삶을 절제하는 금식생활의 문제를 다루고 있으며, 이 세 가지 중심에 주기도문이 기록되어 있습니다. 즉 예수님의 가르침의 핵심의 핵심으로 주기도문을 가르쳐주고 계신 것입니다. 그러기에 주기도문의 내용을 잘 이해하고 이 기도로 우리의 기도생활이 이어질 때 우리의 신앙생활은 더 견고한 반석 위의 믿음으로 자라게 될 수 있습니다.

마치는 말

한 문단, 한 문단을 풀어서 기도하면서 이해하면 우리에게 선물로 주신 주기도문의 깊이를 맛보게 될 것입니다. 주기도문의 내용을 깊이 묵상하며 우리의 신앙생활을 점검하고 나아갈 방향을 바르게 정하는 것은 매우 중요합니다. 혹시나 주문 외우듯 주기도문을 암송하는 것이 아니라 그 의미를 잘 새기면서 주기도문으로 기도하게 될 때 우리의 신앙은 풍성한 열매로 맺어지게 될 것입니다.

나의 삶에 적용

❶ 지금까지의 자신의 기도생활을 정리해보십시오.

❷ 예수님께서는 왜 제자들에게 주기도문을 가르쳐 주셨습니까?

| 제9과

신앙고백(사도신경)

사도신경(the Apostles' Creed)

전능하사 천지를 만드신

하나님 아버지를 내가 믿사오며

그 외아들 우리 주 예수 그리스도를 믿사오니,

이는 성령으로 잉태하사

동정녀 마리아에게서 나시고,

'본디오 빌라도'에게 고난을 받으사,

십자가에 못 박혀 죽으시고

장사한 지 사흘 만에 죽은 자 가운데서

다시 살아나시며, 하늘에 오르사,

하나님 우편에 앉아 계시다가,

저리로서 산 자와 죽은 자를 심판하러 오시리라.

성령을 믿사오며,

거룩한 공회와, 성도가 서로 교통하는 것과,

죄를 사하여 주시는 것과, 몸이 다시 사는 것과,
영원히 사는 것을 믿사옵나이다. 아멘.

인간은 약한 존재입니다. 조금만 일을 해도 피곤합니다. 병들기도 합니다. 100살 이상을 사는 사람은 극히 드뭅니다. 그래서 예전부터 사람은 자기보다 힘이 있고 지혜 있고 능력 있고 권능 있는 자를 의지하려고 했습니다. 그러다가 우상숭배, 해, 달, 별, 혹은 동물을 숭배하기도 했습니다.

어느 날 철학자 소크라테스가 혼자 나룻배를 타고 가다가 문득 뱃사공을 보고서 "사공, 당신은 철학을 공부해 보았소?"라고 뽐내며 물었습니다. 갑작스러운 질문에 "잘 모르겠습니다."라고 대답을 했습니다. 소크라테스는 혀를 차면서 "철학을 모르면서 무슨 재미로 살아!" 하고 눈을 지그시 감으며 사색에 들어갔습니다. 뱃사공은 기분이 나빴습니다. 좀 배웠다고 자기를 무시하는 교만한 이 손님이 얄미운 생각이 들었습니다. "오는 말이 고와야 가는 말이 곱지, 혼 좀 나 보아라."라고 생각하고서 배를 빙빙 돌려 버렸습니다. 그랬더니 명상에 잠겨 있던 소크라테스는 그만 뒤로 굴러 물에 빠져 버리고 말았습니다.

언제 헤엄을 배웠겠습니까? 실컷 물을 먹고 난 후, 소크라테스는 사공이 주는 장대를 잡고 배에 올라왔습니다. "손님! 헤엄도 못 치십니까?" "예, 못합니다." "쯧쯧, 헤엄도 못 치고 무슨 재미로 삽니까!" 물에 빠진 새앙쥐처럼 배 가운데서 소크라테스는 떨고만 있었습니다. 뱃사공은 콧노래를 부르며 배를 저어갔습니다. 배에서 내린 소크라테스는 언덕에서 옷을 벗어 말리면서 진리를 깨달았습니다. 자기 자신을 너무 몰랐던 것입니다. 젖은 옷을 입고 그는 아덴 거리를 다니면서 "인생아! 네 자신을 알라!"고 외치는 사람이 되었다는 것입니다.

종교는 크게 두 가지로 나눌 수가 있습니다. 하나는 기독교와 같이 절대자 하나님을 믿는 종교입니다. 다른 하나는 유교나 불교와 같이 도덕과 명상을 통하여 인간의 자기 개발을 가르치는 종교가 있습니다.

기독교는 하나님을 믿는 종교입니다. 그 분은 전능하신 분이시고 창조주이시며 아버지 되신 분이십니다. 예수님을 구속의 주님으로 믿는 것과 우리의 죄를 없이하는 분으로 믿습니다. 이 진리를 교회를 통하여 배웁니다. 이 진리를 믿는 자는 영생의 복이 있고 천국의 복이 있습니다.

이 진리를 간단히 요약하는 것이 사도신경입니다. 사도신경은 신앙고백입니다. "내가 무엇을 믿느냐?"라는 것을 입으로 고백하는 것입니다.

1. 신앙고백의 성경적 근거

한번은 예수님께서 제자들에게 "세상 사람들이 나를 누구라 하느냐"라고 물으셨습니다. 그때 제자들은 "더러는 세례요한, 더러는 엘리야, 어떤 이는 예레미야나 선지자 중의 하나라 하나이다."라고 대답하였습니다(마태복음 16장 13-15절).

주님은 "너희는 나를 누구라 하느냐"고 다시 물으셨습니다. 베드로는 "주는 그리스도시요 살아 계신 하나님의 아들이시니이다."라고 대답하였습니다.

예수님은 베드로의 고백을 들으시고 "① 너는 복이 있는 자다 ② 너는 베드로라 네 위에 내 교회를 세우리라 ③ 음부의 권세가 이기지 못하리라 ④ 천국 열쇠를 네게 주리라 ⑤ 네가 땅에서 매면 하늘에서도 매일 것이요 땅에서 풀면 하늘에서도 풀 것이다."라고 칭찬하셨습니다. 베드로에게 신앙고백을 물으신 예수님이십니다.

오늘 우리에게 예수님께서 "너는 나를 누구라 하느냐?" 물으신다면 베드로와 같이 대답할 수 있어야 합니다. 예수님이 누구신가를 정확히 고백하는 것이 신앙고백입니다. 그러므로 이 고백은 구원받은 자가 할 수 있는 것입니다. 그것은 구원받은 증거입니다.

2. 왜 사도신경이 만들어졌는가?

성경은 하나님의 말씀입니다. 구약성경은 39권 929장 23,026절입니다. 신약성경 27권 260장 7,967절입니다. 성경은 66권이고 1,189장이며 30,993절입니다. 성경은 그 내용이 이렇게 방대합니다. 사도신경은 방대한 이 성경의 요약입니다. 사도신경은 기독교의 믿음의 내용을 간단하게 요약해서 만들어졌습니다.

이단자들은 사도신경을 부인합니다. 그러면서 하는 말이 사도신경은 성경에 없다고 합니다. 물론 사도신경 그대로는 없습니다. 왜? 성경 전체의 간단한 요약이기 때문입니다.

왜 요약을 했습니까?

1) 세례를 받을 때 어떤 사람이 세례 받을 자격자가 될 수 있는가?

우리는 성경 전체를 믿어야 합니다. 문답할 때 그렇다고 창세기 1장부터 요한계시록까지 모두 물을 수가 없습니다. 그래서 아주

간결하고 가장 기본적인 신앙원리를 정리할 필요가 있었던 것입니다. 그래서 만들어진 것이 사도신경입니다. 세례를 받을 수 있는 자는 사도신경을 신앙으로 고백하는 사람입니다.

2) 자녀들에게 신앙교육을 바르게 시키기 위해서 사도신경이 필요합니다.

자녀들에게 부모의 신앙을 물려주어야 할 터인데 어떻게 물려주어야 하겠습니까? 사도신경대로 가르치면 됩니다. 사도신경대로 믿고 신앙을 고백하도록 가르치면 됩니다.

3) 이단을 물리치기 위해서 신앙고백이 필요합니다.

초대교회에도 많은 이단이 있었습니다. 이단이란 성경대로 예수님을 믿지 않고 자기 말을 많이 집어넣는 것을 말합니다.

예수를 믿는다는 것은 예수 그리스도를 주로 부르며, 주님을 왕으로, 주님을 하나님으로 고백하는 것입니다. 이단이 아무리 많아도 사도신경대로 믿고 신앙생활하면 됩니다. 사도신경의 내용을 더하거나 감하면 이단이 됩니다. 이를 모르고 따라가면 나도 이단자가 됩니다.

3. 예수를 구주로 고백하는 자의 자세

1) 구원받은 성도는 끊임없이 이 고백을 해야 합니다.

어느 자리 어느 형편에서도 이 고백을 멈추면 안 됩니다. 그래야 우리를 미혹하여 넘어지게 하는 사단 마귀 귀신들을 예수 그리스도의 이름으로 이깁니다. 내가 이 고백을 멈추면 나는 구원받은 자가 아닙니다. 나는 그리스도를 부인하는 자가 되기 때문입니다.

2) 이 고백을 마음속에만 두고 있으면 안 됩니다.

큰 소리로 고백해야 합니다. 뇌 세포의 98퍼센트가 말의 지배를 받는다고 했습니다.

"네가 만일 네 입으로 예수를 주로 시인하며 또 하나님께서 그를 죽은 자 가운데서 살리신 것을 네 마음에 믿으면 구원을 얻으리니 사람이 마음으로 믿어 의에 이르고 입으로 시인하여 구원에 이르느니라"(로마서 10장 9-10절)고 했습니다. 믿음을 입으로 자꾸 고백할 때 나는 믿는 자가 되고 믿는 자의 생활을 하게 되며 하나님이 예비하신 복을 받게 됩니다.

3) 많은 사람들이 이 고백을 하도록 전해야 합니다.

그것이 전도이고 구원받는 것이며, 승리의 삶을 살아가는 것입니다.

4) 계속적으로 신앙고백을 해야 합니다.
그때 시험으로부터, 의심으로부터, 죄로부터, 유혹으로부터 구원을 받습니다. 악마 사단이 물러갑니다. 승리의 삶을 살아갈 수 있습니다.

마치는 말

어떤 총각이 결혼하고픈 처녀가 생겼지만, 그 처녀를 사모하면서 말을 하지 않으면 상대자는 그 총각의 마음을 알 수 없습니다. 말하지 않으면 짝사랑으로 끝납니다. 입으로 말을 해야 합니다. "나는 당신을 사랑합니다." 그 말을 공식적으로 하는 시간이 바로 결혼식입니다. 내가 믿는 하나님, 나를 구원해주신 예수 그리스도를 크게 말해야 합니다. 그것이 신앙고백입니다. 그때 나의 구원이 이루어지고 나는 하나님의 자녀로서 살아갈 수 있습니다.

나의 삶에 적용

❶ 당신은 하나님을 그리고 예수님을 어떤 호칭으로 부르고 있습니까?

....
....
....
....

❷ 당신은 항상 신앙고백으로 사도신경을 고백하고 있습니까?

....
....
....
....

| 제10과

십계명

하나님이 이 모든 말씀으로 일러 가라사대 나는 너를 애굽 땅, 종 되었던 집에서 인도하여 낸 너의 하나님 여호와로라.

제일은, 너는 나 외에는 다른 신들을 네게 있게 말지니라.
제이는, 너를 위하여 새긴 우상을 만들지 말고, 또 위로 하늘에 있는 것이나, 아래로 땅에 있는 것이나, 땅 아래 물속에 있는 것의 아무 형상이든지 만들지 말며, 그것들에게 절하지 말며, 그것들을 섬기지 말라. 나 여호와 너의 하나님은 질투하는 하나님인즉 나를 미워하는 자의 죄를 갚되, 아비로부터 아들에게로 삼사 대까지 이르게 하거니와, 나를 사랑하고 내 계명을 지키는 자에게는, 천대까지 은혜를 베푸느니라.
제삼은, 너는 너의 하나님 여호와의 이름을 망령되이 일컫지 말라 나 여호와는 나 여호와의 이름을 망령되이 일컫는 자를 죄 없다 하

지 아니하리라

제사는, 안식일을 기억하여 거룩히 지키라. 엿새 동안은 힘써 네 모든 일을 행할 것이나, 제칠일은 너의 하나님 여호와의 안식일인즉, 너나 네 아들이나, 네 딸이나, 네 남종이나, 네 여종이나, 네 육축이나, 네 문안에 유하는 객이라도 아무 일도 하지 말라. 이는 엿새 동안에 나 여호와가 하늘과 땅과 바다와, 그 가운데 모든 것을 만들고 제칠일에 쉬었음이라. 그러므로 나 여호와가 안식일을 복되게 하여, 그 날을 거룩하게 하였느니라.

제오는, 네 부모를 공경하라. 그리하면 너의 하나님 나 여호와가 네게 준 땅에서 네 생명이 길리라.

제육은, 살인하지 말지니라.

제칠은, 간음하지 말지니라.

제팔은, 도적질하지말지니라

제구는, 네 이웃에 대하여 거짓 증거하지 말지니라.

제십은, 네 이웃의 집을 탐내지 말지니라. 네 이웃의 아내나, 그의 남종이나, 그의 여종이나, 그의 소나 그의 나귀나, 무릇 네 이웃의 소유를 탐내지 말지니라(출애굽기 20장 1-17절).

예수께서 가라사대, 네 마음을 다하고 목숨을 다하고 뜻을 다하여, 주 너의 하나님을 사랑하라 하셨으니, 이것이 크고 첫째 되는 계명이요, 둘째는 그와 같으니, 네 이웃을 네 몸과 같이 사랑하라 하셨으니, 이 두 계명이 온 율법과 선지자의 강령(綱領)이니라(마태복음 22장 37-40절).

인류 역사상 십계명보다 더 큰 영향을 준 메시지는 없었을 것입니다. 십계명은 모세가 시내산에서 받은 율법의 가장 중요한 핵심을 이루는 것으로서 하나님이 어떤 분이신가를 알고, 하나님이 하신 일을 믿음으로 받아들인 하나님의 자녀들이 살아갈 때 필요한 도덕법입니다. 윌리어드(G.W. Williard)라는 사람은 "이것은 인간에게 주어진 모든 법의 어머니"라고 말했습니다. 이것은 인간의 도덕률의 근원이며, 기독교 윤리의 근본으로, 이 계명의 입법자는 하나님 자신입니다. 그러므로 십계명은 단순한 율법이 아니라 하나님의 법, 곧 신률(神律)입니다. 십계명은 넓은 의미에서 율법의 한 부분이며 또한 율법의 핵심입니다.

1. 십계명의 의미와 권위

"여호와께서 시내산 위에서 모세에게 이르시기를 마치신 때에 증거판 둘을 모세에게 주시니 이는 돌판이요 하나님이 친히 쓰신 것이더라"(출애굽기 31장 18절).

하나님께서는 이스라엘을 애굽에서 구원하신 다음 그들이 거룩한 백성답게 살 수 있는 법도를 가르쳐주셨습니다. 그 법도 가운데 가장 핵심과 본질은 십계명입니다. 이스라엘에게 구원을 베푸신 하나님께서 율법을 주신 것입니다. 십계명(Ten Commandment)은 열 개의 언약의 말씀이라는 뜻입니다. 십계명은 처음에 두 장의 석판에 기록되어 있었습니다(출애굽기 31장 18절, 34장 28절).

그래서 십계명은 '언약의 돌판'(신명기 9장 9절), '언약'(신명기 4장 13절), '언약의 비석'(히브리서 9장 4절)으로 불렸습니다. 구약에서는 율법이란 말과 언약이라는 말을 같은 뜻으로 사용합니다. 이스라엘 사람들은 이것을 성전의 지성소 안에 있는 언약궤(The ark of covenant)에 보관하여 왔습니다(신명기 10장 5절, 열왕기상 8장 9절). 십계명을 담은 '언약궤'를 '법궤'라고도 했습니다.

"하나님이 이 모든 말씀으로 일러 가라사대"(출애굽기 20장 1절).

하나님께서 친히 말씀하셨고, 기록하셔서 모세에게 주셨다는 사실로 십계명의 권위를 알 수 있습니다. 하나님의 말씀을 받기 위해 모세는 40일을 금식기도 했습니다. 육체의 정욕을 죽이고, 지식을 죽이고, 교만을 죽이고 하나님 말씀을 받은 것입니다. 그때 하나님께서 십계명을 돌 판에 직접 써주신 것입니다.

2. 십계명의 구성

"그 때에 너희가 불을 두려워하여 산에 오르지 못하므로 내가 여호와와 너희 중간에 서서 여호와의 말씀을 너희에게 전하였노라 여호와께서 가라사대 나는 너를 애굽 땅에서 종 되었던 집에서 인도하여 낸 너희 하나님 여호와로라"(신명기 5장 5-6절).

십계명은 세 부분으로 구성되어 있습니다.

첫째, 서론 부분으로 출애굽기 20장 1-2절과 신명기 5장 6절이 여기에 해당합니다. 이 부분은 하나님이 하나님의 백성들을 위하여 하신 일이 무엇인가를 서술함으로써 하나님의 백성들이 율법을 준행해야 하는 이유가 무엇인가를 가르쳐줍니다.

둘째, 출애굽기 20장 3-11절과 신명기 5장 7-15절 부분으로, 하나님의 백성들이 하나님과의 관계에서 지켜야 할 규범이 어떤 것인가를 가르쳐줍니다.

셋째, 출애굽기 20장 12-17절과 신명기 5장 16-21절 부분으로, 하나님의 백성들이 상호간에 지켜야 할 의무들에 관하여 기록하고 있습니다.

3. 십계명의 내용

십계명은 단순한 윤리 도덕이라든가 생활신조나 하나의 법률이 아닙니다. 십계명은 하나님과 이스라엘 백성 사이의 독특한 관계, 즉 언약(계약) 관계를 근거로 합니다. 그 언약에 기초하여 행하신 하나님의 구원의 역사, 곧 출애굽 사건을 전제로 하고 있다는데 십계명의 중요한 특색이 있습니다.

두 판에 기록되었던 십계명의 내용에 대해 세 가지 주장을 살펴볼 수 있습니다.

① 유대인과 요세푸스(Josephus)는 십계명을 5개 계명씩 둘로 나누어, 전자는 경건(Piety)에 관한 것이며, 두 번째 5개 계명은 사

회정의(Justice)에 관한 것이라고 합니다.

② 루터파와 천주교에서는 처음 3개 계명이 첫째 판에 있고, 나머지 7계명이 둘째 판에 기록되어, 첫째는 하나님에 관한 것이요, 두 번째는 인간생활에 관한 것이라고 합니다.

③ 그리스정교회와 개혁교단(Greek and Reformed Churches)은 첫째 판에 처음 4개 계명이 있고, 다음에 나머지 6개 계명이 있다고 합니다.

그러므로 십계명은 하나님과 예배에 대한 인간의 관계(1-4계명)와 사회에 대한 인간의 관계(5-10계명)로 구성되어 있다고 이해할 수 있습니다.

마치는 말

성도들에게 있어서 가장 중요한 일은 하나님이 우리를 위하여 어떤 일을 하셨는가를 아는 것입니다. 그것을 알지 못하면 하나님의 율법을 준수하는 기독교인의 삶이나 윤리가 있을 수 없습니다. 따라서 하나님이 인간들을 위하여 하신 일이 무엇인지 아는 것은 인간들 사이에서 어떻게 행하고 살아야 하는가를 아는 것보다 반드시 우선되어야 합니다. 그리고 하나님을 향한 의무를 지키는 것은 인간들 상호간의 의무를 지키는 일보다 항상 우선되어야 합니다. 하나님을 사랑하는 일이 이웃을 사랑하는 일보다 항상 우선시 되어야 합니다. 물론 하나님을 사랑하는 마음이 이웃을 사랑하는 것으로 나타나는 경우도 많습니다. 그러나 그런 경우라 할지라도 하나님과의 관계가 나의 삶에서 우선순위를 부여받아야 한다는 점을 항상 유념해야 합니다.

나의 삶에 적용

❶ 십계명은 어떻게 구성되어 있습니까?

❷ 십계명의 의미와 권위에 대해서 이야기해보십시오.

| 제11과

예배생활

하나님은 영이시니 예배하는 자가 신령과 진정으로 예배할지니라
(요한복음 4장 24절)

1. 예배의 정의

1) 예배란 살아 계신 하나님과의 만남입니다. 예배를 통해 우리는 살아 계신 하나님을 만납니다.
2) 예배란 하나님을 높이고, 겸손히 회개하며 하나님 앞에 나아가는 것입니다.
3) 예배란 하나님의 인격을 섬기는 것입니다. 예배는 하나님을 섬기되 어떤 일로 섬기기에 앞서 하나님의 인격을 섬기는 것입니다.

2. 예배의 목적

당신은 무엇을 위해 예배 시간에 교회에 나오십니까? 예배는 근본적으로 우리 자신을 위한 것이 아니고 하나님을 위한 것입니다. 우리가 예배를 통해 은혜를 받고 어떤 유익을 얻는 것은 예배의 자연스런 결과이지 그것이 예배의 목적은 아닙니다. 예배의 목적은 오직 하나님께 영광 돌리는 데 있습니다. 항상 이것을 명심하십시오. "오직 하나님께 영광을!(Soli Deo Gloria)(레위기 10장 3절, 시편 29편 1-2절)

3. 예배자의 자격

1) 하나님을 경외하는 자(시편 5편 7절)
2) 성령으로 거듭난 자(요한복음 3장 5절)
3) 하나님 앞에 죄를 회개하는 자(시편 51편 1, 2, 17절)
4) 하나님의 은혜를 힘입은 자(시편 5편 7절)

4. 예배의 근본 원리

1) 예배의 유일한 근거는 예수 그리스도의 보혈입니다.

"그러므로 형제들아 우리가 예수의 피를 힘입어 성소에 들어갈 담력을 얻었나니"(히브리서 10장 19절).

예수 보혈이 없이는 누구도 하나님 앞에 나갈 수 없습니다. 우리 죄를 깨끗이 씻어 주시는 예수 그리스도의 피를 힘입어 우리는 하나님께 나아가 예배드릴 수 있습니다.

2) 영으로 예배드려야 합니다.

"신령과 진정으로 예배할지니라."(요한복음 4장 24절)라는 말씀에서 "신령으로 예배한다."는 것은 "영으로" 예배한다는 말입니다. 영으로 예배한다는 것은 성령으로 거듭난 자가 성령의 도우심으로 예배드린다는 것을 의미합니다.

3) 진리로 예배드려야 합니다.

"진정으로 예배한다."는 것은 "진리로 예배한다."는 말입니다. 진리는 곧 예수 그리스도입니다. 참다운 예배는 진리이신 예수 그리스도 안에서 드려지는 것입니다. 또한 진리란 하나님 말씀입니다. 계시된 하나님 말씀에 의지하여 하나님 말씀을 간절한 마음으로 받고 순종할 때 참다운 예배를 드릴 수 있습니다.

4) 믿음으로 예배드려야 합니다.

하나님께 나아가 예배드리는 자들은 하나님께서 살아 계시며,

하나님을 찾는 자들에게 상 주신다는 사실을 믿어야 합니다(히브리서 11장 6절).

5. 예배드리는 자세

1) 몸과 마음을 미리 준비하십시오.
단정한 차림을 하십시오. 정성껏 헌금을 준비하십시오. 지각하지 마십시오.
2) 무엇보다 기도로 예배를 준비하십시오.
예배 시작 시간보다 일찍 도착하여 조용히 기도와 묵상으로 준비하십시오. 예배 시작 전에 사람들과 얘기하지 말고 하나님께 기도드리며 마음을 준비하십시오. 하나님께서 이 예배를 통해 영광을 받으시고 우리에게 큰 은혜를 주실 것이라는 기대감을 갖고 기도하십시오. 말씀 전하실 목사님과 예배순서 맡으신 분들을 위해 기도하십시오.
3) 매 예배순서마다 집중하십시오.
4) 자세를 바르게 하십시오.
지각하면 안 됩니다. 앞자리에 앉도록 힘써야 합니다.
5) 찬송은 가사의 의미를 생각하며 열심히 부르십시오.

건성으로, 입술로만 부르는 일이 없도록 하십시오.
6) 설교말씀을 귀 기울여 들으십시오.

6. 예배를 방해하는 것들

1) 인간 중심적이고 세속적인 마음

예배는 철저히 하나님 중심이어야 합니다. 오직 하나님께 영광 돌리는 것이 목적이어야 합니다. 하나님 법도에 맞게 드려져야 합니다.

2) 비판하고 불평하는 마음

남을 비판하고 교회와 설교 내용 등을 비판하고 불평하는 마음으로 예배에 임하는 사람은 하나님께 합당한 예배를 드릴 수 없습니다. 예배는 자기 자신이 십자가 밑에서 회개하고 하나님 앞에 겸손히 나아가는 것입니다. 그래야 은혜를 받습니다.

3) 게으름

어떤 사람들은 게으름 때문에 예배생활의 깊은 은혜를 체험하지 못하고 영적으로 빈약한 상태로 늘 살아갑니다. 우리는 육체적, 영적 게으른 잠에서 깨어나 날마다 영적 각성을 일으켜 열심히 예배드리는 삶을 살아야 하겠습니다.

4) 조바심

현대인들은 바쁘고 조급한 사회 속에서 쫓기듯 살아갑니다. 하나님 앞에 나아가 잠잠히 있기를 어려워합니다. 하나님만 바라보고 고요히 기다리지 못합니다. 조급하고 분주한 마음을 가라앉히십시오. 주님께 고요하고 평안한 마음을 구하십시오.

5) 용서하지 못하는 마음

가정에서, 직장에서, 남들과의 관계에서 마음 상한 일이 있을 때 예배에 마음을 집중하지 못하게 됩니다. 먼저 용서하고 화목을 도모하십시오.

6) 근심, 걱정

예배를 드리기 위해서는 먼저 세상 근심, 걱정을 마음에서 몰아내야 합니다.

7) 세상 적인 것을 자랑하는 마음, 교만한 마음, 세상 재미에 빠진 마음, 당파심 등도 예배를 방해합니다.

7. 주일성수

주일성수(主日聖守) : 주님의 날을 거룩하게 지킴

1) 주일을 거룩하게 지켜야 합니다.

주일은 주님의 날로 거룩하게 구별해서 지켜야 합니다. 일요일이라 하지 말고 주일이라고 부릅시다.

2) 주일은 안식하는 날입니다.

6일간 열심히 일하고 주일은 안식해야 합니다.

3) 주일은 하나님께 예배하고, 찬양하며, 하나님의 말씀을 듣고, 배우고, 읽고, 가르치며, 기도에 힘쓰고, 성도의 교제를 나누며, 이웃에 전도하고, 가난한 이웃을 구제하고, 병자를 방문하며, 선행에 힘쓰는 날입니다.

4) 오락이나 올바르지 않은 거래 행위, 세속적인 모임 등을 삼가고, 주님을 깊이 생각하며 온전히 주님 안에서 하루를 지내십시오.

5) 주일을 거룩하게 지키는 자에게 하나님께서 풍성한 복을 주십니다.

주일성수하는 성도는 영적 은혜를 받아 신앙이 날로 성장합니다. 일의 의욕과 능률을 얻어 생활현장에서 승리합니다. 그리고 정신적, 육체적으로 더욱 건강해집니다.

6) 왜 안식일이 아니라 주일을 지킵니까?

안식일의 주인은 예수님이시고(마가복음 2장 28절), 예수님은 안식 후 첫날(주일)에 부활하셨고, 초대교회에서 주일을 지켰기(사도행전 20장 7절, 고린도전서 16장 2절) 때문입니다.

8. 가정예배

1) 가정예배는 온 가족이 가정에서 예배드리는 것입니다.
가정이 하나님의 은혜와 복을 받고, 자녀를 신앙으로 교육하며, 가족끼리 주님 안에서 교제와 사랑을 나누는 시간입니다.

2) 함께 가정에서 기도하며 예배드리는 부부는 가장 행복한 부부입니다.

3) 가정예배는 저질 비디오, 오락, 저질 만화 등의 문화 속에서 자란 어린이의 마음 밭을 좋은 옥토가 되게 합니다.

4) 가정예배를 통해 식구들은 서로 진실한 대화를 나누고 깊이 이해할 수 있게 됩니다.

5) 가족들에게 의미 있는 날(결혼기념일, 생일, 입학, 졸업 등)에는 먼저 하나님께 예배를 드리십시오.

6) 가정예배 없이 참된 그리스도인의 가정을 이룰 수 없습니다. 성숙한 그리스도인의 가정에서 예배는 필수불가결의 요소입니다.

9. 생활 속에서의 예배

우리의 예배생활은 공식적인 예배에서 끝나는 것이 아닙니다. 우리의 예배생활은 일상생활의 현장에서도 계속되어야 합니다.

몸을 드리는 예배란 우리의 삶 전부를 하나님께 올려드리는 예배를 의미합니다. 그리고 우리의 직장생활, 가정생활, 학교생활, 시민으로서의 모든 사회생활 속에서 하나님의 뜻을 분별하고 그 뜻을 따라 살아가는 것을 의미합니다.

나의 삶에 적용

❶ 당신의 예배생활은 어떻습니까? 주일 성수를 하고 있습니까?

❷ 당신은 가정예배를 드리고 있습니까?

| 제12과

헌금생활

사람이 어찌 하나님의 것을 도적질하겠느냐 그러나 너희는 나의 것을 도적질하고도 말하기를 우리가 어떻게 주의 것을 도적질하였 나이까 하도다 이는 곧 십일조와 헌물이라 너희 곧 온 나라가 나의 것을 도적질하였으므로 너희가 저주를 받았느니라 만군의 여호와 가 이르노라 너희의 온전한 십일조를 창고에 들여 나의 집에 양식 이 있게 하고 그것으로 나를 시험하여 내가 하늘 문을 열고 너희에 게 복을 쌓을 곳이 없도록 붓지 아니하나 보라 만군의 여호와가 이 르노라 내가 너희를 위하여 황충을 금하여 너희 토지소산을 멸하 지 않게 하며 너희 밭에 포도나무의 과실로 기한 전에 떨어지지 않 게 하리니(말라기 3장 8-11절)

인간이 세상을 살 때 물질이 있어야 합니다. 예수님은 우리에게

"너희 몸을 하나님이 기뻐하는 산 제사로 드리라"(로마서 12장 1절) 고 하셨습니다. 그것이 우리가 하나님께 드리는 헌금입니다.

1. 봉헌예식의 의미

1) 감사의 표시입니다.

내 죄를 씻어 주시고 구원해 주신 하나님, 나를 인도하시고 모든 좋은 것으로 채워주시는 하나님의 은혜에 감사드리는 표시입니다.

2) 헌신의 표시입니다.

나 자신과 내 생활 전체를 하나님께 드리는 표시입니다. 피와 생명을 쏟아 우리를 구원해주신 은혜로우신 주님께 기쁜 마음으로 우리의 귀한 것, 우리의 마음, 우리 삶의 모든 것, 우리의 온 생애를 바친다는 신앙적 결단을 표현하는 것입니다.

3) 믿음의 표시입니다.

일상생활 중에 하나님을 굳게 의지하고 전심전력 믿음으로 살아가겠다는 신앙고백의 구체적인 표현입니다. 돈과 세상을 의지하지 않고 오직 살아 계신 하나님만 의지하며 믿음으로 살아가겠다는 신앙심의 표현입니다.

4) 하나님의 것을 하나님께 드리는 것입니다.

모든 재물의 소유권은 하나님께 있습니다. 모든 것의 주인은 하나님이십니다. 헌금 봉헌은 이 사실을 확인하는 것입니다. 모든 것의 주인은 하나님이심을 확인하며, 주인 되신 하나님께서 우리의 모든 것을 다스려 주시기를 기원하는 것입니다.

5) 헌금은 재물을 하나님 뜻대로 질서 있게 사용하는 훈련을 하는 것입니다.

이 세상을 살아가는 우리들에게 돈은 큰 위력을 발휘합니다. 재물이 있는 곳에 우리 마음도 있습니다. 이러한 물질의 일부를 법도에 맞게 하나님께 바칠 때 우리는 생활 중에서 하나님 뜻대로 질서 있게 재물을 사용하는 법을 배워 갈 수 있습니다.

이 땅에서 수익을 얻을 때 가장 먼저 하나님께 정성껏 봉헌하는 생활을 함으로써 올바른 물질 사용방법을 배울 수 있습니다. 하나님께 봉헌하는 것을 물질 사용의 최우선적 원칙으로 삼고 살아갈 때 우리의 모든 경제생활은 하나님의 은혜로 조화와 질서를 찾아갑니다. 참다운 봉헌생활은 공중예배 중 헌금 드리는 일에만 그치는 것이 아니라 생활현장에서 돈을 벌고 사용하는 모든 경제 행위에서 확인되어야 합니다.

6) 헌금은 맘몬(돈, 재물)의 노예 상태로부터의 해방 선언이요, 맘몬 우상의 파괴 선언입니다. 오늘날 대부분의 사람들은 맘몬신을 섬기며 그 노예가 되어 살아갑니다. 부자는 부자대로, 가난한 이는 가난한 이대로 돈의 노예가 되어, 돈에 얽매여 살아갑니다.

돈이 행세하고, 돈이 지배하며, 돈이 사람의 인격을 좌우하는 세태 속에서 우리는 봉헌 예식을 통해 하나님의 주권을 선포하며, 오직 하나님만이 우리 삶의 주가 되심을 선포하는 것입니다.

봉헌 예식을 통해 우리는 우리 삶의 태도 속에 물들어 있는 세속의 헛된 욕망과 허황된 마음과 자기 과시욕과 허영심, 사치와 무절제, 불안과 재물에 대한 근심에서 벗어나 하나님만 바라보는 자들의 참다운 자유와 행복을 경험합니다. 성도들은 재물의 노예 상태에서 해방된 신앙과 기쁨의 삶으로 초대된 무리임을 봉헌 예식을 통해 확인합니다.

7) 헌금은 주님의 사업에 참여하는 것입니다(고린도후서 8장 4절). 성도들은 주님의 사업에 몸으로, 기도로, 헌금으로 동참할 수

있습니다. 봉헌예식을 통해 우리는 하나님 나라를 위한 주님의 사업에 동참하게 됩니다.

8) 보물을 하늘에 쌓아두는 것입니다.

"너희를 위하여 보물을 땅에 쌓아 두지 말라 거기는 좀과 동록이 해하며 도적이 구멍을 뚫고 도적질하느니라 오직 너희를 위하여 보물을 하늘에 쌓아두라 저기는 좀이나 동록이 해하지 못하며 도적이 구멍을 뚫지도 못하고 도적질도 못하느니라"(마태복음 6장 19-20절).

2. 봉헌의 자세

1) 정성껏 미리 준비해서

"이러므로 내가 이 형제들로 먼저 너희에게 가서 너희의 전에 약속한 연보를 미리 준비케 하도록 권면하는 것이 필요한 줄 생각하였노니 이렇게 준비하여야 참 연보답고 억지가 아니니라"(고린도후서 9장 5절).

2) 각각 그 마음에 정한 대로

"각각 그 마음에 정한 대로 할 것이요 인색함으로나 억지로 하지 말지니 하나님은 즐겨 내는 자를 사랑하시느니라"(고린도후서 9장 7절).

3) 인색함으로나 억지로 하지 말고

4) 힘을 다하여(고린도후서 8장 3절)

5) 즐거운 마음으로 자원하여

"내가 증거하노니 저희가 힘대로 할 뿐 아니라 힘에 지나도록 자원하여"(고린도후서 8장 3절).

6) 환난, 시련, 극한 가난 가운데서도 오히려 십자가 은혜에 감사하여 넘치는 기쁨으로

7) 먼저 자신을 주께 드린 후에

"우리의 바라던 것뿐 아니라 저희가 먼저 자신을 주께 드리고 또 하나님 뜻을 좇아 우리에게 주었도다"(고린도후서 8장 5절).

8) 정직하게 번 흠 없는 물질로

"만군의 여호와가 이르노라 너희가 또 말하기를 이 일이 얼마나 번폐스러운고 하며 코웃음하고 토색한 물건과 저는 것, 병든 것을 가져왔느니라 너희가 이같이 헌물을 가져오니 내가 그것을 너희 손에서 받겠느냐 여호와의 말이니라"(말라기 1장 13절).

3. 봉헌의 기준: 십일조와 헌물(말라기 3장 8절)

1) 십일조 생활을 철저히 하십시오.

먼저, 소득이 있을 때 그 십분의 일을 구별해서 제일 먼저 하나님께 드리십시오.

다음은, 십일조 헌금은 자기가 소속된 교회에 드리십시오.

2) 주일 헌금을 매 주일 정성껏 준비하여 드리십시오.

자신의 믿음의 분량에 따라 주일 헌금의 액수를 정하십시오. 십일조 헌금이나 감사 헌금 등을 드릴 때에도 빠뜨리지 말고 1년 52주 계속 드리십시오.

3) 감사한 일, 선교헌금(북한, 세계) 등도 드리십시오.

마치는 말

헌금은 인간들의 마음이 하나님께로 돌아가는 것입니다. 말라기 선지자에게 하나님은 말씀하셨습니다. "나도 너희에게로 돌아가리라"(말라기 3장 7절). 십일조 헌금을 드리는 자에게 하나님은 엄청난 복을 예비하고 계십니다.

1) 복을 쌓아 둘 곳이 없도록 주십니다.
2) 황충을 금합니다. 악한 자의 해를 받지 않게 합니다.
3) 토지소산의 열매(포도나무 과실)가 기한 전에 떨어지지 않습니다.
4) 믿는 자가 복 받는 것을 불신자가 부럽게 여긴다고 성경이 약속하고 있습니다. 온전한 십일조를 드려 복 받는 성도가 됩시다.

나의 삶에 적용

❶ 당신의 헌금생활은 어떠합니까?

❷ 온전한 십일조를 하나님께 드리고 있습니까?

3단계
경건에 이르는 삶

제13과

기도생활

너희가 내 안에 거하고 내 말이 너희 안에 거하면 무엇이든지 원하는 대로 구하라 그리하면 이루리라(요한복음 15장 7절)

너희가 욕심을 내어도 얻지 못하고 살인하며 시기하여도 능히 취하지 못하나니 너희가 다투고 싸우는도다 너희가 얻지 못함은 구하지 아니함이요 구하여도 받지 못함은 정욕으로 쓰려고 잘못 구함이니라(야고보서 4장 2-3절)

예수님과 성경의 사람들, 그리고 하나님과 동행하고 하나님께 쓰임 받았던 사람들은 모두 기도의 사람들이었습니다.

"매일 두 세 시간씩 하나님과 씨름한다면, 그는 반드시 하나님의 위대한 일을 하게 될 것이다."(존 넬슨)

"나는 오늘 매우 바쁘기 때문에 두 시간 기도해야 하겠다."(루터)

우리는 매일 두 세 시간씩 기도하기는 힘들 수 있습니다. 그러나 우리도 기도의 삶을 살 수 있습니다. 기도의 능력을 체험하며 살 수 있습니다.

1. 응답 받는 기도의 원리

"아들이 있는 자에게는 생명이 있고 하나님의 아들이 없는 자에게는 생명이 없느니라. 내가 하나님의 아들의 이름을 믿는 너희에게 이것을 쓴 것은 너희로 하여금 영생이 있음을 알게 하려 함이라 그를 향하여 우리의 가진 바 담대한 것이 이것이니 그의 뜻대로 무엇을 구하면 들으심이라"(요한일서 5장 12-14절).

"너희가 내 안에 거하고 내 말이 너희 안에 거하면 무엇이든지 원하는 대로 구하라 그리하면 이루리라"(요한복음 15장 7절).

"너희가 얻지 못함은 구하지 아니함이요 구하여도 받지 못함은 정욕으로 쓰려고 잘못 구함이니라"(야고보서 4장 2-3절).

1) 예수 생명을 소유해야 합니다(요한일서 5장 12-13절).
하나님의 기도 응답을 받기 위해선 먼저 예수 안에 있는 하나님의 생명(영생)을 소유해야 합니다. 성령으로 거듭난 하나님의 자녀가 되어야 합니다. 기도 응답은 거듭난 하나님의 자녀들에게 주어지는 특권입니다. 거듭나지 못한 사람, 예수님의 생명을 소유하지 못한 사람들은 이 특권을 갖지도 못하고, 또 알 수도 없습니다.

2) 예수 안에 거해야 합니다(요한복음 15장 7절).

예수 그리스도와 깊은 교제를 가셔야 합니다. 기도의 능력은 여기에서 나옵니다. 세상 풍파와 죄악은 우리 마음을 흔들어 우리가 예수 안에 거하지 못하게 만들려고 합니다. 그러므로 우리는 항상 깨어서 예수를 바라보고, 예수를 의지하고, 예수 안에 거해야 합니다.

(1) 마음속으로 예수님을 불러보십시오. "예수님! 예수님! 주여! 주여!"

(2) 건성으로 부르지 말고 온 마음을 쏟아서 예수님께 대한 사랑과 믿음과 헌신의 마음을 다해 부르십시오.

(3) 한 번에 3분씩 해보십시오. 훈련이 되어감에 따라 시간을 더 늘려 갈 수 있습니다.

(4) 중간에 잡념이 생기면 그것에 신경 쓰지 말고 그것을 그냥 흘려보내고, 다시 예수님을 전심으로 부르십시오.

(5) 이 훈련을 꾸준히 하면 예수 이름의 권세를 마음 깊은 곳에서부터 체험할 수 있을 것입니다.

3) 예수 말씀이 우리 안에 거해야 합니다(요한일서 5장 14절).

예수 말씀이 우리 안에 가득할 수 있도록 해야 합니다. 세상 욕심, 근심, 걱정, 허영심을 다 몰아내고 예수 말씀으로 마음을 가득 채우시기 바랍니다. 예수님의 말씀이 우리 속에 가득할 때 기도는 능력을 가지게 됩니다. 예수님의 말씀이 마음에 가득하고, 예수님의 뜻대로 구하는 기도는 반드시 이루어집니다.

4) 구해야 합니다.

실제로 기도해야 합니다. 우리는 하나님 아버지께 우리 마음의 소원을 아뢸 수 있는 하나님의 자녀입니다. 주저하지 말고 은혜의 보좌 앞에 담대히 나아가 마음을 쏟아놓고 소원을 아뢰시기 바랍니다.

5) 정욕으로 쓰려고 잘못 구해서는 안 됩니다(야고보서 4장 3절).

마음속에 하나님의 말씀과 하나님의 뜻보다 세속적인 욕심이 가득 차서 잘못 구하는 기도는 응답해주시지 않습니다.

2. 응답 받는 기도의 자세

1) 하나님의 뜻에 맞는지 확인해야 합니다.

하나님의 뜻은 말씀을 통해, 마음의 감동과 확신을 통해, 어떤 주위 상황을 통해 깨닫게 하시고, 문제를 해결해 주십니다.

2) 마음의 소원을 구체적으로 아뢰어야 합니다.

> "예수께서 일러 가라사대 네게 무엇을 하여 주기를 원하느냐 소경이 가로되 선생님이여 보기를 원하나이다 예수께서 이르시되 가라 네 믿음이 너를 구원하였느니라 하시니 저가 곧 보게 되어 예수를 길에서 좇으니라"(마가복음 10장 51-52절).

막연하게 추상적으로 기도하지 말고 구체적이고 분명한 내용으로 기도하십시오.

3) 강청해야 합니다.

> "내가 너희에게 말하노니 비록 벗됨을 인하여서는 일어나 주지 아니할지라도 그 강청함을 인하여 일어나 그 소용대로 주리라"(누가복음 11장 8절).

> 강청함 : 귀찮게 졸라댐, 간곡히 조름

4) 낙망치 말고, 포기하지 말고 기도해야 합니다(누가복음 18장 1-7절).

하나님의 뜻이라고 확신했다면, 기도의 응답이 더디고 어려움이 생기더라도 결코 낙심하거나 포기하지 말아야 합니다.

5) 기도하는 것이 이루어진 줄 믿고 감사함으로 구해야 합니다.
"내가 진실로 너희에게 이르노니 누구든지 이 산더러 들리어 바다에 던지우라 하며 그 말하는 것이 이룰 줄 믿고 마음에 의심치 아니하면 그대로 되리라"(마가복음 11장 23절).

3. 매일 기도훈련에 힘씁시다.

1) 일찍 일어나십시오.

성령 충만하여 하나님께 쓰임 받는 사람 치고 늦게 일어나는 사람은 없습니다. 하나님께 쓰임 받는 능력 있는 신자가 되기를 원한다면 평생 일찍 일어나는 습관을 들여야 합니다. 예수를 믿을 때 무엇보다 먼저 배워야 할 것은 일찍 일어나는 것입니다. 당신이 건전한 신앙의 성장을 원한다면 반드시 일찍 일어나십시오.

첫째, 밤에 일찍 자는 습관을 들이십시오. TV시청을 즐겨하지 마십시오. 할 수 있는 대로 10시 전에 잠자리에 드십시오. 그래야 일찍 일어날 수 있습니다.

둘째, 지나치게 높은 표준을 정하지 마십시오. 너무 늦게 자고 너무 일찍 일어나기로 정해 놓으면 오래 가지 못합니다.

셋째, 시작할 때 항상 약간의 어려움이 따릅니다. 흔히 첫날, 둘째 날은 쉽다가 셋째 날부터는 어렵습니다. 이 고비를 잘 넘겨야 합니다. 사람이 새로운 습관을 들이는 데는 대개 21일이 걸린다고 합니다.

넷째, 주님께 정한 시각에 깨워주시기를 간절히 기도하고 잠자리에 들어가십시오.

다섯째, 자명종 시계를 준비하십시오.

여섯째, 매일 자고 일어나는 시각을 체크 하십시오

2) 매일 새벽기도회에 참여하십시오.

매일 새벽 성전에 나와 새벽예배를 드리십시오. 성령 충만을 받고 하나님께 능력 있게 쓰임 받은 사람들은 모두 평생 꾸준히 새벽기도에 힘썼던 사람입니다 당신도 새벽에 능력을 받는 신자가 되십시오. 처음엔 어려워 보이지만 당신도 할 수 있습니다. 아니, 당신도 해야만 합니다. 당신도 새벽기도에 승리하는 신자가 되시기 바랍니다. 날마다 새벽마다 기도에 힘쓰는 영에 속한 신자가 되시기 바랍니다.

나의 삶에 적용

❶ 당신은 하루에 몇 분, 몇 시간 기도하십니까?
 기도 제목은 무엇입니까?

 ....
 ....

❷ 새벽기도 시간을 지키십시오.
 영적으로 큰 능력을 받는 시간입니다.

 ....
 ....

| 제14과

성령 충만

육에 속한 사람은 하나님의 성령의 일을 받지 아니하나니 저희에게는 미련하게 보임이요 또 깨닫지 못하나니 이런 일은 영적으로야 분변함이니라 신령한 자는 모든 것을 판단하나 자기는 아무에게도 판단을 받지 아니하느니라 누가 주의 마음을 알아서 주를 가르치겠느냐 그러나 우리가 그리스도의 마음을 가졌느니라(고린도전서 2장 14-16절)

1. 이 세상의 사람을 세 종류로 나눌 수 있습니다

1) 육에 속한 자

"육에 속한 사람은 하나님의 성령의 일을 받지 아니하나니 저희에게는 미련하게 보임이요 또 깨닫지 못하나니 이런 일은 영적으로야 분변함이니라"(고린도전서 2장 14절).

이 사람의 마음 상태는 마음 중심에 마귀를 모시고 사는 자입니다.

h: 마음, 의자로 생각하십시오.

(1) 하나님의 성령의 일을 받지 않는 자입니다. 미련하게 보기 때문입니다. 그는 하나님의 진노(요한복음 3장 36절)의 대상입니다.

(2) 그는 그리스도 밖에 있는 자입니다(에베소서 2장 12절).

(3) 그는 이 세상 풍속을 따라 살아갑니다(에베소서 2장 2절).

(4) 우상 숭배하다가 자손 3,4대까지 저주를 받습니다(출애굽기 20장 5절). 힌두교를 믿는 자들은 소를 하나님으로 섬깁니다. 그래서 인도 사람들은 쇠고기를 먹지 않습니다. 인도는 세계에서 가난한 나라 중에 하나입니다. 북한은 김일성과 김정일을 하나님처럼 섬깁니다. 그러기에 하나님께 복을 받지 못하고 거지나라가 되었습니다. 이것은 모두 육에 속한 자의 모습입니다.

(5) 그는 자기가 삶의 주인입니다. 모든 일을 자기가 주관하므로 실패와 좌절과 혼란에 빠지면서도 그 원인을 모르고 사는 사람입니다.

2) 육신에 속한 자

"형제들아 내가 신령한 자들을 대함과 같이 너희에게 말할 수 없어서 육신에 속한 자 곧 그리스도 안에서 어린 아이들을 대함과 같이 하노라 내가 너희를 젖으로 먹이고 밥으로 아니하였노니 이는 너희가 감당치 못하였음이거니와 지금도 못하리라 너희가 아직도 육신에 속한 자로다 너희 가운데 시기와 분쟁이 있으니 어찌 육신에 속하여 사람을 따라 행함이 아니리요"(고린도전서 3장 1-3절).

이 사람의 마음 상태는 마음 중심에 내가 있습니다. 내가 내 인생의 주인입니다. 그리스도는 심부름꾼입니다.

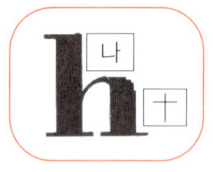

교회에 오래 다니면서도 은혜를 받지 못한 사람의 모습이 육신에 속한 자입니다.

(1) 어린아이 교인입니다(1절). 겨우 주일에 출석하는 정도입니다. 그러나 기분 내키는 대로 신앙생활을 하기 때문에 주일에 종종

빠집니다.

(2) 젖먹이 신자입니다(2절). 젖먹이는 엄마가 젖을 주어야합니다. 아기가 자라지 않고 5살, 10살이 되어도 젖만 먹으면 문제입니다. 젖먹이 신자는 교인의 의무(공중예배 출석, 온전한 십일조, 교회 다스림에 복종)를 감당하지 못합니다.

(3) 교회 안에서 시기를 일으키고 분쟁, 불화를 일으킵니다. 말썽꾼 노릇을 합니다.

(4) 하나님의 말씀을 내게 주시는 말씀으로 받지 않고 사람의 말에 움직입니다.

(5) 성령을 사모하지도, 성령께 순종하지도 않습니다. 육신에 속한 것만 생각합니다. 영적인 일은 생각하지도 않습니다. 육신의 일, 세상적인 일에만 분주합니다.

(6) 옛 사람의 습관을 버리지 않고 살아갑니다(갈라디아서 5장 19-21절).

(7) 구원의 감격이 없기 때문에 감사와, 기쁨, 활기, 의욕이 없습니다. 실패의 인생을 살아갑니다. 그러면서도 그 원인을 모르고 고민 속에 살아갑니다.

3) 신령한 자

"신령한 자는 모든 것을 판단하나 자기는 아무에게도 판단을 받지 아니하느니라 누가 주의 마음을 알아서 주를 가르치겠느냐 그러나 우리가 그리스도의 마음을 가졌느니라"(고린도전서 2장 15-16절).

신령한 자 : 성령 충만한 자

이 사람의 마음 상태는 마음 중심에 그리스도가 계십니다. 나는 그의 심부름꾼(종)입니다.

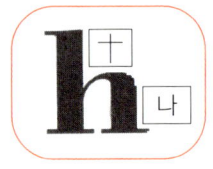

(1) 영에 속한 사람입니다. 성령 충만한 사람입니다. 그는 판단력이 있습니다.

(2) 영에 속한 사람은 육에 속하면 성령을 받지 못하므로 멸망한다는 것을 알고 있습니다. 그래서 그런 자에게 그리스도의 복음을 전하려고 힘쓰고 애쓰는 자입니다. 왜냐하면 그대로 두면 우상숭배 하다가 자손 3, 4대까지 저주를 받기 때문입니다. 이것을 아는 판단력이 있습니다.

(3) 영에 속한 자는 육신에 속하면 교회에는 나오지만 은혜 받지 못하여 하나님이 주시는 복을 받지 못한다는 사실과, 그런 자는 양육 받아야 할 대상임을 압니다.

(4) 그의 삶의 주인은 그리스도이십니다. 그는 그리스도께 순종하고, 그리스도께서 그를 주관하시므로 항상 생활 중에 기쁨과 찬송과 감사가 넘칩니다.

(5) 교회가 맡겨준 직분에 충성을 다합니다.

(6) 성령의 아홉 가지 열매(갈라디아서 5장 22-23절), 아홉 가지 은사(고린도전서 12장 8-10절)가 넘칩니다.

(7) 칭찬 받는 그리스도인이 됩니다. 화목둥이 역할을 합니다. 평화를 만드는(peace maker) 그리스도인이 됩니다.

2. 어떻게 신령한 자(성령 충만한 자)가 될 수 있습니까?

1) 성령 충만하기를 간절히 사모하십시오.

"하나님이여 사슴이 시냇물을 찾기에 갈급함 같이 내 영혼이 주를 찾기에 갈급하니이다"(시편 42편 1절).

성령충만 받지 않고는 살 수 없다는 마음을 가지고 구해야 합니다.

2) 죄를 회개해야 합니다.

"베드로가 가로되 너희가 회개하여 각각 예수 그리스도의 이름으로 세례를 받고 죄 사함을 얻으라 그리하면 성령을 선물로 받으리니"(사도행전 2장 38절).

습관적인 죄, 성격적인 죄, 체질적인 죄, 낭비생활(시간, 물질, 정력)을 한 죄를 회개해야 합니다. 그때 하나님께서는 성령 충만을 주십니다. 다음과 같이 기도하십시오.

"살아 계신 하나님, 저의 모든 죄를 회개합니다. 특별히 저 자신이 중심이 되어 제 마음, 제 뜻, 제 감정, 제 기분대로 살아왔던 것을 회개하오니 용서하옵소서. 주 예수님의 보혈로 깨끗해진 제 심령에 성령 충만을 주옵소서. 주님께서 성령 충만 받으라 명령하시고, 믿음으로 구하면 주시겠다고 약속하신 말씀대로 구하오니, 성령으로 충만케 하옵소서. 매일 매일, 순간순간, 주의 성령으로 저를 충만케 하시고, 제 삶을 다스려 주옵소서. 이뤄주신 줄 믿고 감사드립니다. 예수님 이름으로 기도드립니다. 아멘."

기도하는 당신에게 하나님은 성령 충만을 주실 것입니다. 계속 부르짖어 기도하십시오.

3) 성령 충만한 신앙생활을 계속 하려면 항상 기도해야 합니다. 특히 날마다 새벽을 깨우며 기도하는 생활이 필요합니다.

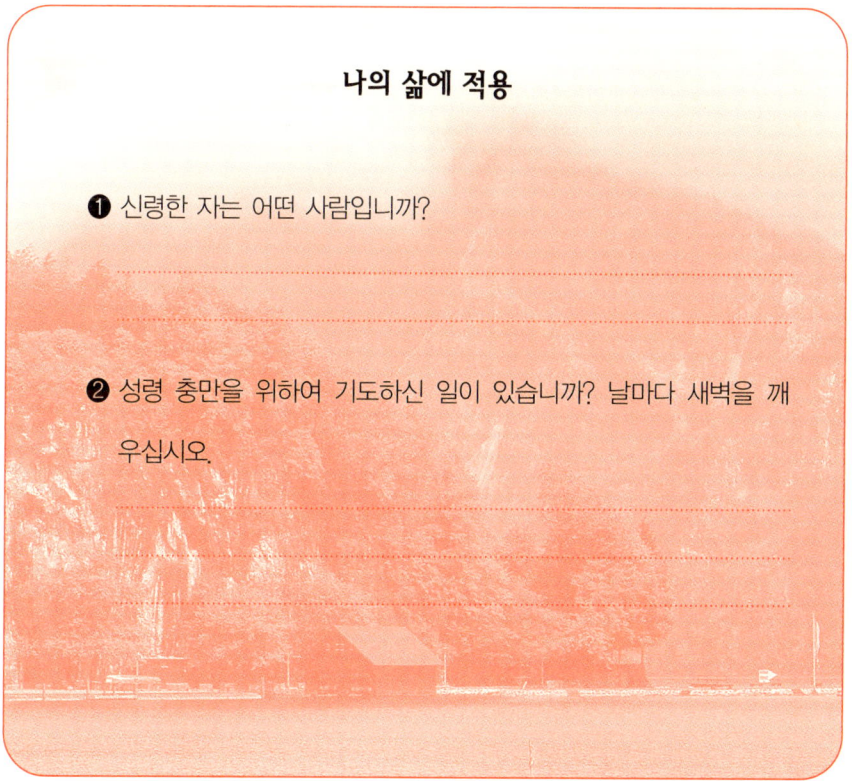

나의 삶에 적용

❶ 신령한 자는 어떤 사람입니까?
....
....

❷ 성령 충만을 위하여 기도하신 일이 있습니까? 날마다 새벽을 깨우십시오.
....
....
....

| 제15과

전도 생활

하나님의 지혜에 있어서는 이 세상이 자기 지혜로 하나님을 알지 못하는 고로 하나님께서 전도의 미련한 것으로 믿는 자들을 구원하시기를 기뻐하셨도다(고린도전서 1장 21절)

1. 전도생활과 관련된 말씀

다음의 성경구절을 주의 깊게 읽어보십시오.

1) 예수께서는 제자들을 부르셨을 때 그들이 전도인이 되어야 할 것임을 말씀하셨습니다.

"예수께서 가라사대 나를 따라 오너라 내가 너희로 사람을 낚는 어부가 되게 하리라 하시니"(마가복음 1장 17절).

2) 예수께서는 공생애 기간 중에 친히 전도의 본을 보여주셨고, 전도야말로 주님이 오신 목적이라고 말씀하셨습니다.

"이르시되 우리가 가까운 다른 마을로 가자 거기서도 전도하리니 내가 이를 위하여 왔노라 하시고"(마가복음 1장 38절).

3) 예수께서는 승천하시기 전에 제자들에게 지상 명령을 주셨습니다.

"그러므로 너희는 가서 모든 족속으로 제자를 삼아 아버지와 아들과 성령의 이름으로 세례를 주고 내가 너희에게 분부한 모든 것을 가르쳐 지키게 하라 볼지어다 내가 세상 끝날 까지 너희와 항상 함께 있으리라"(마태복음 28장 19-20절).

"오직 성령이 너희에게 임하시면 너희가 권능을 받고 예루살렘과 온 유대와 사마리아와 땅 끝까지 이르러 내 증인이 되리라 하시니라"(사도행전 1장 8절).

4) 이 지상 명령을 따라 초대교회 교인들은 열심히 전도했습니다.

"그 흩어진 사람들이 두루 다니며 복음의 말씀을 전할쌔"(사도행전 8장 4절).

"사울이 다메섹에 있는 제자들과 함께 며칠을 있을쌔 즉시로 각

회당에서 예수의 하나님의 아들이심을 전파하니"(사도행전 9장 19-20절).

"바울이 하나님의 말씀에 붙잡혀 유대인들에게 예수는 그리스도라 밝히 증거하니"(사도행전 18장 5절).

5) 바울 사도는 그의 마지막 서신에서 유언과도 같은 엄숙한 명령을 우리들에게 주고 있습니다.

"너는 말씀을 전파하라 때를 얻든지 못 얻든지 항상 힘쓰라 범사에 오래 참음과 가르침으로 경책하며 경계하며 권하라"(디모데후서 4장 2절).

2. 모든 그리스도인이 전도해야 할 이유

1) 주님의 분부요 지상 명령이기 때문입니다(마태복음 28장 19절, 디모데후서 4장 2절).
2) 하나님께서는 모든 사람이 믿고 구원받기를 원하시기 때문입니다(디모데전서 2장 4절).
3) 믿지 않는 사람을 그대로 두면 죄와 사망의 권세 아래 멸망할 것이기 때문입니다(요한복음 8장 24절, 에스겔 3장 18절, 요한계

시록 20장 15절).

4) 전파하는 자가 있어야 믿을 수 있기 때문입니다(로마서 10장 14절).

5) 하나님의 사랑이 강권하시기 때문입니다(로마서 1장 14-15절).

6) 복음의 빚을 갚는 것이기 때문입니다(로마서 1장 14-15절).

7) 복음을 전할 때 스스로가 성장하기 때문입니다(디모데전서 4장 6절).

8) 전도하지 않으면 내게 화가 있을 것이기 때문입니다(고린도전서 9장 16절, 에스겔 3장 18절)

9) 하늘에 의의 면류관을 예비하는 것이기 때문입니다(디모데후서 4장 8절)

3. 전도의 원동력

1) 확실한 구원의 체험(요한일서 5장 11-12절).
2) 영혼 구원이야말로 주님께서 가장 원하시는 것이요, 우리가 생명을 바쳐 헌신해야 할 위대한 사명이라는 불타는 사명감(사도행전 20장 24절).
3) 성령의 권능(사도행전 1장 8절).

4) 말씀의 능력(히브리서 4장 12절).

5) 뜨거운 기도(에베소서 6장 18절).

6) 철저한 회개생활, 깨끗한 생활(요한일서 1장 8-9절)

7) 전도에 대한 뜨거운 열정(예레미야 20장 9절).

8) 부끄러워하지 않는 마음(로마서 1장 16절).

9) 영혼을 사랑하는 마음(로마서 9장 1-2절).

4. 어느 전도 간증

1)『언젠가 저는 백화점에서 친구를 기다리고 있었습니다. 그때 내 옆에 있던 어떤 여자가 굉장히 불안한 듯이 줄담배를 피우며 어찌할 줄 모르면서 서성대는 것을 보았습니다. 저는 그 여자가 걱정이 되어서 그녀에게 다가가 인사를 하면서 "예수님을 전해 드릴께요" 하고 말을 걸었습니다. 그러자 그녀는 저에게 화를 내면서 말했습니다. "여보세요 설교가 필요하면 당신에게 부탁하겠어요. 하지만 지금은 필요 없어요." 그래서 저는 속으로 이렇게 기도했습니다. "오! 주님, 정말 주님께서는 제가 저 여인에게 예수님을 전하길 원하십니다. 제가 더 좋은 방법으로 전도하지 못한 것을 회개합니다. 그러나 하나님 아버지. 제가 그녀에게 심은 말씀의 씨앗을

보호해주셔서 꼭 열매를 맺도록 하여주옵소서."

그런데 최근에 이 여인이 저를 찾아왔습니다. "목사님 저를 기억하실지 모르겠지만, 얼마 전에 목사님께서 제게 전도하신 적이 있습니다. 저는 그때 화가 나서 목사님께 저에게 전도하지 말라고 쏘아 붙였지요. 그런데 얼마 후 예수님을 믿는 친한 친구가 저에게 또 전도를 하는 것이었어요. 그래서 결국 저는 주님을 믿게 되었고 이제는 성령 세례까지 받게 되었습니다. 전에 목사님께서 저에게 처음 전도하셨던 것이 헛된 일이 아니었다는 사실을 말씀드리고 싶어서 이렇게 찾아왔습니다."

우리가 하나님을 믿는 것은 중요합니다. 그리고 주님 안에서 이웃을 섬긴 우리의 수고는 어떠한 것이든 하나도 헛되지 않는다는 것을 기억하십시오.』

2) 『학교에서 나는 같은 반 친구들이 소설을 읽을 때 한쪽에서 성경을 읽었습니다(그러나 그는 시험 볼 때마다 1등이었다. - 편집자 주). 친구들은 나의 많은 변화를 인정했습니다. 그러나 나의 옛 성질이 여전히 남아 있었기 때문에 나의 전도는 힘이 없었습니다. 내가 기억하기로는 그 때 위(魏)형제들에게도 전도했었는데 그는 받아들이지 않았습니다.

나는 친구들을 주님께 돌이키게 하려는 마음으로 전도했으나 일 년이 지난 뒤에도 아무 효과가 없었습니다. 나는 이론을 잘 얘기하고 충분한 논리를 제시하면 효과가 있으리라고 생각했습니다. 그러나 어찌된 까닭인지 나의 이런 노력은 아무런 능력을 나타내지 못했습니다.

어느 날 나는 우연히 서양인 선교사 그로스 양(Miss Gross)을 만나게 되었습니다. 그로스 양은 나에게 구원을 받았느냐고 물은 후 일 년 동안 주님 앞으로 인도한 사람이 전부 몇 명이나 되느냐고 물었습니다. 이 질문에 나는 부끄러워 고개를 숙였습니다. 동급생에게 복음을 전했지만 한 사람도 받아들이지 않았기 때문입니다. 그녀는 내게 말하기를, 나의 문제는 나와 주님 사이에 간격이 있다는 것이며, 그렇기 때문에 복음을 전해도 효과가 없는 것이라고 했습니다.

이 '간격'은 숨겨져 있는 죄일 수도 있고, 양심의 거리낌일 수도 있고, 기타 주님께 득죄한 일일 수도 있다고 했습니다. 나는 솔직하게 사실대로 말했습니다. 그녀는 다시 내게 묻기를 사람들에게 어떻게 복음을 전했느냐고 했습니다. 나는 사람들이 흥미 있게 듣든지 안 듣든지 상관하지 않고 그들에게 주님에 대해 말했다고 대답했습니다. 그녀는 그렇게 해서는 안 된다고 했습니다. 그리고는 친구들의 이름을 수첩에 적어 놓고 항상 그들을 위해 기도하고 그 후에 하나님께서 말할 기회를 주시기를 기다려야 한다고 했습니다.

그로스 양과 헤어지고 나서 나는 곧 죄를 회개하고 주님께서 나를 통해 역사하시는 데 걸림돌이 되는 것들을 제거했습니다. 그리고 10명의 친구 이름을 수첩에 적고 그들을 위해 날마다 기도했습니다. 때로는 수업 중에도 그들을 위해 기도했으며, 기회만 있으면 그들에게 주 예수를 전했습니다. 이 일이 처음 효과를 보기 시작할 때 친구들은 나를 놀렸습니다. "야! 전도사 온다. 우리 설교 좀 들어 보자!" 사실 그들 속에는 듣고 싶은 마음이 있었던 것입니다.

나는 이 문제를 그로스 양에게 이야기했습니다. 그녀는 거기에 대해서는 아무 말도 하지 않고 다만 그들이 구원받을 때까지 계속 기도하라고 했습니다. 나는 주님을 의지하고 주님 은혜로 힘을 얻어 날마다 명단에 기록한 사람 하나하나를 위해 계속 기도했습니다. 이렇게 하기를 몇 달이 지났을 때 명단에 기록된 70명 중 1명을 제외한 69명이 구원을 받았습니다.」

나의 삶에 적용

❶ 여러 가지 이유들 때문에 주님의 지상명령을 소홀히 하고 전도에 힘쓰지 않았던 죄를 회개하십시오. 그리고 전도인의 사명을 다할 수 있도록 기도하십시오.

....
....
....

❷ 전도인의 간증을 읽고 어떻게 해서 능력 있는 전도를 할 수 있게 되었는가, 위의 사례에서 발견할 수 있는 능력 있는 전도의 원리들을 말해보십시오.

....
....
....
....

| 제16과

죄를 이기는 생활

내가 이르노니 너희는 성령을 좇아 행하라 그리하면 육체의 욕심을 이루지 아니하리라(갈라디아서 5장 16절)
만일 우리가 우리 죄를 자백하면 저는 미쁘시고 의로우사 우리 죄를 사하시며 모든 불의에서 우리를 깨끗케 하실 것이요(요한일서 1장 9절)

하나님께서는 구원받은 성도들이 능력 있는 삶을 살기를 원하십니다. 그런데 능력 있는 삶을 살아가는 데 걸림돌이 있으니 그것은 죄입니다. 많은 그리스도인들이 죄를 철저히 끊어 버리지 못하고 살아갑니다. 그렇기 때문에 능력 있는 삶을 살지 못합니다. 죄가 가장 큰 장애물입니다. 이 장애물을 제거하면 심령이 깨끗해지고 거룩한 능력이 임합니다.

그러므로 우리는 모든 죄를 말씀에 비추어 깨닫고, 숨김없이 고백하고, 주님의 보혈로 씻음 받고, 말씀의 검으로 찔러 쪼개 영적 수술을 받고, 성령의 불로 태워야 합니다. 이렇게 죄를 이기고 죄를 깨끗이 끊은 성도를 하나님께서는 그 손으로 붙들어 크게 써주십니다. 복을 주십니다.

1. "다시는 죄를 범치 말라"고 하셨습니다.

> "그 후에 예수께서 성전에서 그 사람을 만나 이르시되 보라 네가 나았으니 더 심한 것이 생기지 않게 다시는 죄를 범치 말라 하시니"(요한복음 5장 14절).
> "예수께서 가라사대 나도 너를 정죄하지 아니하노니 가서 다시는 죄를 범치 말라"(요한복음 8장 11절).

구원받은 후에 우리는 다시 죄를 범하지 말아야 합니다. 주님께서는 38년 된 병자를 치료하신 후 "다시는 죄를 범치 말라."고 명하셨습니다. 또 간음한 여인을 용서하신 후에 그 자리에서 "다시는 죄를 범치 말라."고 하셨습니다. 주님께서는 구원받은 우리에게 "다시는 죄를 범치 말라."고 명하십니다. 구원받은 성도들은 결코 죄 가운데 살아선 안 된다고 하셨습니다. 구원받은 성도들은 결단코 죄와 타협해서는 안 됩니다.

2. 죄를 안 지을 수 있나요?

구원받은 성도들은 죄를 범치 말아야 하며, 결코 죄 가운데 살아서는 안 됩니다. 그렇다면 우리는 죄를 범치 않을 수 있나요?

그럴 수 있습니다. 그리스도 안에 거하면 죄를 범치 않을 수 있습니다. 우리가 예수님을 구주로 영접하고 나면 그리스도께서 성령으로 우리 마음에 오십니다. 우리 안에 계신 그리스도의 영을 의지할 때 악령을 쫓아내고 죄를 이길 수 있습니다.

"그가 우리 죄를 없이 하려고 나타내신바 된 것을 너희가 아나니 그에게는 죄가 없느니라. 그 안에 거하는 자마다 범죄하지 아니하나니 범죄하는 자마다 그를 보지도 못하였고 그를 알지도 못하였느니라"(요한일서 3장 5-6절).

3. 그러나 우리는 아직 죄를 범할 때가 많습니다.

그러나 우리는 아직 완전하지 못하기 때문에 여전히 죄를 범할

가능성이 있습니다. 예수 피로 죄 용서 받았지만

첫째, 우리의 죄악 된 본성이 완전히 거룩하게 된 것은 아니고,

둘째, 우리가 사는 세상은 죄가 가득하고,

셋째, 사단은 아직도 공중의 권세를 잡고 인간들을 미혹하고 있기 때문에 구원받은 성도들도 죄를 지을 수 있습니다.

만일 우리가 성령을 좇아 행하지 않고 그리스도 안에 살지 않으면 죄를 범하게 됩니다.

4. 죄를 지으면 어떻게 됩니까?

구원받은 후에 죄를 지으면 하나님과의 교제가 막히게 됩니다.

"내가 내 마음에 죄악을 품으면 주께서 듣지 아니하시리라"(시편 66편 18절).

"여호와의 손이 짧아 구원치 못하심도 아니요 귀가 둔하여 듣지 못하심도 아니라 오직 너희 죄악이 너희와 너희 하나님 사이를 내었고 너희 죄가 그 얼굴을 가리워서 너희를 듣지 않으시게 함이니"(이사야 59장 1-2절).

죄를 지으면 우리는 하나님으로부터 멀어지고 벽이 생깁니다.

우리 안에 계신 성령께서는 근심하십니다. 우리 마음은 편치 못하고, 기쁨을 잃어버립니다. 기도하고 성경 읽는 일에도 기쁨을 잃고, 영적인 힘을 잃어버립니다. 사람들과의 관계에서도 냉담해지고 간격이 생깁니다. 성도들을 가까이하지 않고 오히려 피하려고 합니다. 예배와 집회에 참여해도 기쁨이 없습니다.

이렇게 하나님과의 교제가 막히고 기쁨과 찬송과 능력을 잃는 원인은 죄에 있습니다. 죄가 문제입니다.

5. 죄를 이기는 방법

1) 성령을 좇아 행해야 합니다. 그래야 죄로 물든 옛사람을 벗어 버릴 수 있습니다.

"너희는 성령을 좇아 행하라 그리하면 육체의 욕심을 이루지 아니하리라"(갈라디아서 5장 16절).

"너희는 유혹의 욕심을 따라 썩어져 가는 구습을 좇는 옛사람을 벗어 버리고 오직 심령으로 새롭게 되어 하나님을 따라 의와 진리의 거룩함으로 지으심을 받은 새사람을 입으라"(에베소서 4장 22-24절).

2) 그리스도 안에 거해야 합니다.

"그(그리스도) 안에 거하는 자마다 범죄하지 아니하나니"(요한일서 3장 6절).

그리스도 안에 거하는 적극적인 방법은 교회 안에, 또 말씀 안에 있는 것입니다. 교회 공중예배는 무슨 일이 있어도 빠지지 마십시오. 그 시간에 하나님 말씀을 받기 때문입니다. 구역예배와 새벽기도회에도 참석하십시오. 말씀을 열심히 읽으십시오. 그러면 죄를 이길 힘을 얻습니다.

3) 그래도 간혹 잘못한 일이 있으면 내가 죄인임을 인정하고 자백해야 합니다.

"만일 우리가 우리 죄를 자백하면 저는 미쁘시고 의로우사 우리 죄를 사하시며 모든 불의에서 우리를 깨끗케 하실 것이요"(요한일서 1장 9절).

4) 적극적으로 자신을 하나님께 드려야 합니다(헌신, 봉사).

죄에 마음을 빼앗기지 말고 하나님께서 기뻐하시는 일에 힘쓰십시오. 거기서 죄를 이길 힘을 얻습니다.

"너희는 죄로 너희 죽을 몸에 왕노릇하지 못하게 하여 몸의 사욕을 순종치 말고 또한 너희 지체를 불의의 병기로 죄에게 드리지 말고 오직 너희 자신을 죽은 자 가운데서 다시 산 자 같이 하나님께 드리며 너희 지체를 의의 병기로 하나님께 드리라"(로마서 6장 12-13절).

6. 습관적인 죄를 이기는 길

죄를 이기고자 할 때 습관적인 죄가 특히 우리를 괴롭힙니다. 습관에는 행동의 습관(음주, 흡연, 도박 등), 감정의 습관, 생각의 습관, 말의 습관이 있습니다. 성경을 많이 알아도 어려서부터 가지고 있던 습관을 끊지 못하는 자들이 있습니다.

그 이유는 죄의 세력이 마음 깊은 곳에 뿌리내리고 있어서 자신의 힘으로는 온전히 이겨낼 수가 없기 때문입니다

1) 이기는 길

이 사실을 주님께 겸손히 고백하고 주님께 도움을 청하십시오. 오직 주님만이 사단의 세력을 물리치고 죄를 없이하십니다. 이때 "예수 이름으로 명하노니 죄짓게 하는 더러운 귀신은 물러가라!"고 명령하십시오.

2) 믿음의 친구를 사귀십시오.

죄짓게 하는 친구는 멀리하십시오. 특히 습관적인 죄를 멀리하십시오.

"복 있는 사람은 악인의 꾀를 좇지 아니하며 죄인의 길에 서지 아니하며 오만한 자의 자리에 앉지 아니하고"(시편 1편 1절)라고 했습니다. 죄를 짓게 하는 자리를 피하십시오. 과감하게 예수 이름으로 거절하십시오.

3) 말씀에 비추어 잘못되고 죄악 된 삶의 자세들이 명확히 드러났으면, 그것을 반드시 고치고야 말겠다는 결심을 하십시오. 그리고 낱낱이 기록하는 방법도 좋습니다.

4) 변화가 잘 일어나지 않고, 옛날 모습이 다시 나타난다고 도중에 낙심하지 마십시오.

옛날 모습이 다시 나타날 때 그것에 집착하지 말고 내버려두십시오. 그것을 무시하고 해야 할 일을 해나가십시오. 목표에 초점을 맞추십시오.

나의 삶에 적용

❶ 당신은 죄를 이기고 있습니까?

❷ 당신에게 습관적인 죄는 없습니까?

하나님께 내어놓고 회개하고 성령의 능력을 구할 때 해결됩니다.

제17과

말씀의 능력을 체험하는 생활

복 있는 사람은 악인의 꾀를 좇지 아니하며 죄인의 길에 서지 아니하며 오만한 자의 자리에 앉지 아니하고 오직 여호와의 율법을 즐거워하여 그 율법을 주야로 묵상하는 자로다(시편 1편 1-2절)

내가 주께 범죄치 아니하려 하여 주의 말씀을 내 마음에 두었나이다(시편 119편 11절)

생활 중에 경험하는 신앙의 능력은 말씀을 통해 옵니다. 많은 신앙의 선배들은 말씀을 깊이 묵상하고 암송함으로써 말씀을 통한 신앙의 능력을 받았습니다. 우리도 능력 있는 신앙생활을 하기 위해서는 반드시 말씀을 묵상하고 암송하는 실제적인 훈련을 해야만 합니다. 신앙의 초창기부터 이 훈련의 원리를 알고 생활 중에 부단히 훈련하여 말씀묵상과 암송을 자기 삶의 일부로 만들어야 합니다.

1. 말씀 묵상훈련(Q. T. 훈련)

"복 있는 사람은 악인의 꾀를 좇지 아니하며 죄인의 길에 서지 아니하며 오만한 자의 자리에 앉지 아니하고 오직 여호와의 율법을 즐거워하여 그 율법을 주야로 묵상하는 자로다"(시편 1편 1-2절).

1) 말씀 묵상의 중요성

말씀 묵상은 하나님의 말씀을 이해하고 깊이 음미함으로써, 그 말씀을 우리의 삶에 적용할 수 있도록 하는 것입니다. 무디는 "성경은 지식을 쌓기 위해 주어지는 것이 아니라 삶의 변화를 위해 주어지는 것이다."라고 했습니다. 하나님의 말씀이 우리 마음속 깊은 곳까지 스며들고 내면에서부터 참다운 인격의 변화가 일어나도록 하기 위해서는 하나님의 말씀을 주야로 묵상해야 합니다.

우리는 마음에 쌓은 것을 입으로 말하고, 말에 따라 행동하게 됩니다. 어릴 때부터 마음속에 쌓이고 쌓인 잠재된 내용이 변화되지 않는다면 우리의 삶은 변화되지 않습니다. 하나님 말씀이 우리의 잠재의식 깊은 부분까지 영향을 주고 거룩한 변화를 일으킬 수 있도록 하기 위해서는 말씀을 마음 깊이 묵상해야 합니다.

말씀을 묵상하며 기도하기 위해 개인 경건의 시간(Q.T.: Quiet

Time)을 정기적으로 가지십시오. 매일 하나님의 조용히 만나는 시간을 갖는 것은 거듭난 신자들에게 가장 중요한 일입니다. 하나님의 능력을 받고 하나님께 쓰임 받은 사람들은 모두 개인 경건의 훈련이 잘된 사람들입니다.

2) 개인 경건 훈련의 방법

(1) 일찍 일어나십시오.

(2) 매일 새벽기도회에 참여하십시오.

새벽기도회 후에 Q.T.를 갖도록 하십시오. 새벽기도회 설교 말씀을 적어두었다가 다시 읽어보며 내게 주시는 말씀으로 깊이 묵상하십시오. 새벽기도회에 참석하지 못했을 경우에는 성경을 계속 읽으면서 경건의 훈련을 하십시오.

(3) 묵상을 하십시오. 묵상은 읽기나 연구와는 다른 것입니다.

다음의 원칙에 따라 하십시오.

① 기도: 묵상하기 전에 먼저 성령의 인도하심을 간절히 구하십시오.

"내 눈을 열어서 주의 법의 기이한 것을 보게 하소서!"(시편 119편 18절)

② 성경 읽기: 본문을 몇 번 주의 깊게 읽으십시오. 본문의 분량

을 많이 잡지 마십시오. 3-5절을 넘지 않는 것이 좋습니다.

③ 묵상: 본문이 가르쳐 주는 바에 대해 깊이 생각해보십시오.

하나님(성부, 성자, 성령)의 성품과 하신 일, 명령과 약속, 위로, 고백해야 할 죄와 실천해야 할 행동, 오늘 내 생활 중에 어떻게 적용시킬지 생각해보십시오.

④ 기록: 개인 경건노트에 적어보십시오.

⑤ 기도: 오늘 주신 말씀에 따라 기도하십시오. 말씀에 순종할 수 있도록 하나님의 도우심을 구하십시오.

⑥ 나눔: 깨달은 말씀과 적용한 결과 일어난 일들에 대해서 가족과 구역원들 간에 서로 나눠보십시오.

⑦ 꾸준히 계속: 개인 경건의 시간의 유익과 방법을 알고 있다고 해도 그것을 규칙적으로 꾸준히 해나가는 것은 쉽지 않습니다. 실패하더라도 낙심하지 말고 그날부터 다시 계속하십시오.

2. 말씀 암송 훈련

"내가 주께 범죄치 아니하려 하여 주의 말씀을 내 마음에 두었나이다"(시편 119편 11절).

1) 말씀 암송의 유익

⑴ 여러 가지 유혹과 시험을 당할 때 마음속에 간직한 성경구절은 그것들을 이길 수 있는 힘을 줍니다.

"청년이 무엇으로 그 행실을 깨끗케 하리이까 주의 말씀을 따라 삼갈 것이니이다"(시편 119편 9절).

⑵ 새가족일 경우 하나님과 구원에 대한 의심이 생길 때 "내가 진실로 진실로 너희에게 이르노니 내 말을 듣고 또 나 보내신 이를 믿는 자는 영생을 얻었고 심판에 이르지 아니하나니 사망에서 생명으로 옮겼느니라."(요한복음 5장 24절)를 암송한다면 의심이 물러가고 확신을 갖게 될 것입니다.

⑶ 외우고 있는 하나님의 말씀은 생활 중에 하나님의 인도함을 받도록 도와줍니다.

"주의 말씀은 내 발에 등이요 내 길에 빛이니이다"(시편 119편 105절).

⑷ 생활 중에 어려움이 닥쳐와도 말씀을 암송하면 위로와 큰 능력을 체험할 수 있습니다. 가령 어떤 두려움에 빠져있는 사람에게 "하나님이 우리에게 주신 것은 두려워하는 마음이 아니요 오직 능력과 사랑과 근심하는 마음이니"(디모데후서 1장 7절)라는 말씀은 두려움을 이기는 큰 힘이 될 것입니다.

또한 마음의 평정을 잃었을 때 감정의 동요가 있을 때 우울하고 낙심이 될 때 그런 감정에 얽매여 있지 말고, 요한복음 14장 27절을 외우십시오. 마음의 평강을 다시 찾을 것입니다.

"평안을 너희에게 끼치노니 곧 나의 평안을 너희에게 주노라 내가 너희에게 주는 것은 세상이 주는 것 같지 아니하니라 너희는 마음에 근심도 말고 두려워하지도 말라"(요한복음 14장 27절).

(5) 하나님의 말씀을 암송하는 것은 예수님의 훌륭한 증인이 될 수 있도록 큰 능력을 공급해줍니다. 역사상 훌륭한 그리스도인들은 말씀을 암송하면서 은혜와 성령 충만을 경험하고 사명과 비전과 말씀의 능력을 받았습니다.

2) 말씀 암송 훈련의 방법

(1) 먼저 내용을 이해하십시오.

(2) 한 구절을 의미가 통하는 몇 토막으로 끊어서 외우고, 그 다음 한꺼번에 외우십시오. 이때 내용을 묵상하면서 음미하십시오.

(3) 소리를 내어 외우고 장, 절까지 외우십시오.

(4) 외우는 비결은 지속적인 반복입니다. 아무리 열심히 외운다 해도 계속해서 완전히 자기 것이 될 때까지 외우고, 또 외운 것을 주기적으로 복습하지 않는다면 잊어버립니다.

⑸ 일반적으로 일주일에 한 구절 정도가 적당합니다.

⑹ 중단하지 마십시오. 꾸준히 하는 것이 제일 중요합니다.

나의 삶에 적용

❶ 당신이 암송하고 있는 성경 구절은 몇 개나 됩니까?

❷ 제일 좋아하는 성경구절은 무엇입니까? 외워보십시오.

| 제18과

성령의 능력이 나타나는 생활

오직 성령이 너희에게 임하시면 너희가 권능을 받고 예루살렘과 온 유대와 사마리아와 땅 끝까지 이르러 내 증인이 되리라 하시니라(사도행전 1장 8절)

1. 하나님의 나라

"하나님의 나라는 말에 있지 아니하고 오직 능력에 있음이라"(고린도전서 4장 20절).

우리 그리스도인들은 능력 있는 사람들입니다. 왜냐하면 하나님 나라가 우리 속에 임했기 때문입니다. 하나님 나라는 말과 지식의 차원에만 머무는 세계가 아닙니다. 하나님 나라는 능력의 세계입니다. 그 능력은 우리 삶을 변화시키는 능력입니다. 우리 인격을 변화시키는 능력입니다. 누구든지 그리스도 안에 있으면 새로운 피조물입니다

하나님 나라는 우리 존재 자체를 새롭게 변화시키는 능력의 세계입니다. 새로운 피조물로, 새로운 존재로 거듭나게 하는 재창조의 능력의 세계입니다.

성령을 받은 그리스도인들에게는 하나님의 위대한 능력이 내재(內在: 안에 머물러 계심)해 있습니다. 회개하고 예수의 피로 씻음 받은 성도들의 영에는 성령께서 내주하십니다. 성령님과 함께 성령님의 능력이 우리 영에 내재하십니다. 성령 받은 성도들은 누구나 이 성령의 능력을 이미 받은 것입니다.

사실 우리 속에 있는 성령의 능력이 우리 인격과 일상생활 중에 나타나지 않는 경우가 많습니다. 우리 영에 계시는 성령님의 능력이 우리 인격과 생활에 흘러나오지 못하는 것입니다.

"나를 믿는 자는 성경에 이름과 같이 그 배에서 생수의 강이 흘러나리라"(요한복음 7장 38절).

우리 속에서부터 성령의 생수의 강, 능력의 강이 흘러나와야 합니다.

"다만 성령의 나타남과 능력으로 하여"(고린도전서 2장 4절).

우리 속에 계신 성령님과 그분의 능력이 우리 생활 중에 나타나야 합니다.

2. 능력이란 무엇인가요?

참다운 능력은 영력(영적 능력)에서부터 나옵니다.

영력은 능력 샘의 근원입니다. 구심점이요, 뿌리입니다. 우리 영이 힘을 얻고 빛을 발해야 합니다. 영이 살아나고, 영이 해방되고, 영이 성령의 생명력으로 충만해야 합니다.

영력이 강해지면 우리 인격의 다른 차원에도 영향을 줍니다. 신체적 차원, 정서적 차원, 지적 차원, 의지적 차원에도 영력이 흘러 힘을 얻게 합니다. 신체적으로 치유되고 활력을 얻고 건강해집니다. 정서적으로 치유되고 성숙해집니다. 지적 능력도 활성화되어 사고력이 향상됩니다. 바른 판단력과 결단력이 생기고, 집중 능력과 실행 능력도 강해집니다.

영력은 우리 인간관계에도 흘러나와 인간관계를 회복하고 변화시키고 풍요롭게 만듭니다. 또 사회생활에서도 나타나 능력 있고 책임 있고 성취하는 생활을 하게 합니다 사회 속에서 자신이 해야 할 일을 찾습니다. 그 일에 대해 하나님이 주신 사명감을 갖습니다. 실제적이고 분명한 목표의식을 갖습니다. 성실한 자세와 거룩한 의욕으로 일을 합니다. 그 일에 유능합니다.

영력이 더욱 강하게 지속적으로 표현될 때 영권(영적 권세)이 나타나고, 주위에 강한 영향을 주고, 남들을 이끌고 변화시킬 수 있는 지도력을 발휘합니다. 관심이 넓어집니다. 자기 중심적인 데서부터 벗어나 사회에 대한 관심, 민족과 역사와 인류의 미래에 대한 관심, 하나님 나라 확장에 대한 원대한 관심을 갖습니다. 세계 속에 능동적으로 참여합니다. 사회와 역사 속에서 기독교적 지도력을 발휘하며 하나님 나라를 확장하는 일에 능력 있게 쓰임 받습니다.

이것을 정리하면 다음과 같습니다.

> 영력의 흐름 : 개인적 능력(신체적, 정서적, 지적, 의지적 차원의 능력) → 사회적 능력(대인관계, 사회생활에서의 능력) → 지도력(관심이 넓어지고 참여하고 책임지는 능력, 영향력, 변화시키는 능력)

참다운 능력이 우리 인격과 생활 중에 나타나게 하기 위해서는 먼저 영력이 강해져야 합니다. 영력을 강하게 하는 원리와 방법을 알아야 합니다. 그리고 이 영력이 다른 차원으로 흐르고 영향을 주는〔능력의 흐름, 능력의 나타남, 능력의 전이(轉移)〕원리와 방법을 알아야 합니다.

어떤 사람은 영력에 대해 잘 알지 못하고 그것을 무시합니다. 또 어떤 사람들은 영력을 강조하지만, 그것이 인격과 생활의 모든 차원에 흐르도록 하는 것에 대해선 무지합니다. 그러므로 하나님의 능력이 생활 중에 나타나지 않는 것입니다.

요한삼서 1장 2절에서 "사랑하는 자여 네 영혼이 잘 됨같이 네가 범사에 잘 되고 강건하기를 내가 간구하노라"고 말씀했습니다. 먼저 영혼이 잘 되어야 합니다. 영력이 강해져야 합니다. 그리고 범사가 잘 되어야 합니다. 인격의 각 차원, 생활의 모든 영역에서 하나님의 능력이 나타나야 합니다. 그리하여 강건한 영적 지도자로 서야 합니다.

우리는 모두 능력 있는 그리스도의 제자가 되어야 하겠습니다. 영력 있고, 능력이 생활 중에 흘러나오는 권능 있는 삶을 살아야 하겠습니다. 그러면 어떻게 성령의 능력이 나타나는 삶을 살 수 있을까요? 이 문제에 대해 우리는 앞으로 계속 다루게 될 것입니다. 이것을 꼭 기억하십시오. "영력에서부터 출발하라. 영력을 강하게 하라. 그리고 그것이 각 차원에 흐르도록 하라."

3. 어떻게 능력을 충만하게 받을까요?

1) 성령 충만 받고 영력이 강해지기를 간절히 바라십시오.
성령 충만 받지 않고는 살 수 없다는 마음으로 간구하십시오.
2) 하나님 말씀과 약속에 근거하여 성령 충만을 믿음으로 구하십시오.

하나님 뜻에 따라 구했으면 이제 성령 충만 받을 줄을 믿으십시오. 감정에 의존하지 마십시오. 자신의 행실에 의존하지 마십시오.
3) 당신의 죄를 남김없이 고백하고 예수 피로 죄 씻음 받으십시오.
4) 습성화되고 성격화된 죄를 극복하십시오.
5) 사명을 받고, 그 사명을 위해 순간순간 최선을 다하십시오.
6) 날마다 새벽을 깨우며 기도에 전혀 힘쓰십시오.
7) 말씀 받는 훈련을 계속하십시오.
8) 증거 하는 생활에 힘쓰십시오.
9) 교회생활 속에서 참다운 예배생활과 공동체생활을 배우십시오.
10) 성령의 은사를 사모하고 은사를 계발하고 활용하십시오.
11) 능력이 흘러나오는 상태가 어떤 상태인지 알아야 합니다.

능력이 나타나는 각 차원에 대해 변화의 목표를 분명히 새기십시오. 깊은 기도생활 중에 명확히 떠오르기를 구하십시오.

12) 이 목표에 미달되는 자신의 현재 모습을 객관적으로 정확히 알고, 그 모습 그대로 하나님께 내어놓으십시오.

하나님께 맡기십시오. 현실의 모습 그대로 하나님께서 역사하시도록 맡기십시오.

13) 목표를 계속 바라보십시오. 믿음으로 바라보십시오.

지금 부족하고 미흡한 점이 발견되더라도 실망하거나 위축되지 말고 하나님이 주신 목표를 바라보십시오. 사사로운 당신의 감정, 기분, 부족한 모습에 집착하지 말고 하나님을 바라보십시오. 하나님이 주신 위대한 사명과 비전과 목표를 바라보십시오. 부족한 자신의 모습에 맞춰 비전과 목표를 제한하지 말고, 하나님이 주신 위대한 비전에 당신 자신을 맞춰 가십시오.

14) 목표를 이루기 위해 할 수 있는 실제적인 일들을 찾으십시오.

15) 목표를 향해 매일매일 조금씩 조금씩 나아가십시오.

16) 목표에 맞춰 자신을 관리하십시오. 시간 관리를 잘 하십시오.

나의 삶에 적용

❶ 당신의 삶에 성령의 능력이 지금 나타나고 있습니까?

❷ 성령의 능력이 나타나고 있지 않다면 당신의 영적 생활에 부족한 것이 무엇입니까?

| 제19과

경건한 생활을 위한 훈련

망령되고 허탄한 신화를 버리고 오직 경건에 이르기를 연습하라 육체의 연습은 약간의 유익이 있으나 경건은 범사에 유익하니 금생과 내생에 약속이 있느니라(디모데전서 4장 7-8절)

하나님의 자녀가 된 우리는 신앙의 훈련을 받아야 합니다. 그래야 하나님의 자녀로서 승리하는 삶을 살아갈 수 있습니다. 신앙생활을 시작한 자는 어떤 훈련을 받고, 어떻게 생활해야 합니까?

1. 훈련의 종류

훈련에는 두 가지가 있습니다.

1) 육체의 훈련

공부하는 것도 일종의 훈련입니다. 기술을 배우는 것도 훈련입니다. 운동을 체계적으로 배우는 것도 훈련입니다. 훈련은 힘듭니다. 그러나 어렵고 힘들다고 훈련을 포기하면 실패하는 자가 되고 맙니다. 훈련하지 않는 운동선수는 올림픽이나 경기에 나가서 금메달을 딸 수가 없습니다. 군인이 훈련받기를 싫어하면 전쟁에서 제일 먼저 목숨을 잃습니다. 그러므로 육체의 연습은 꼭 필요하며 유익을 가져다줍니다.

2) 경건의 훈련

우리 인생에서 가장 중요한 훈련입니다. 경건은 하나님께 대한 올바른 태도입니다. 사람의 제일 되는 목적은 하나님을 영화롭게 하는 것입니다. 믿음 생활을 하는 자는 하나님 중심의 삶을 살아가야 합니다. 하나님께 초점을 맞추고 하나님을 나의 존재 목표로 삼고 살아가는 것입니다. 이 훈련을 잘 받아야 천국을 얻습니다. 영생을 얻습니다. 전도의 열매를 얻습니다. 신령한 복을 받습니다. 땅의 복을 받을 수 있습니다.

2. 경건훈련의 내용

1) 예배 훈련

"하나님은 영이시니 예배하는 자가 신령과 진정으로 예배할찌니라"(요한복음 4장 24절).

예배는 인간이 하나님께 드릴 최고의 의무입니다. 하나님의 자녀가 된 자는 하나님께 예배드리는 일을 게을리 하면 안 됩니다. 어떤 것보다 예배를 생활의 제일 우선순위로 삼아야 합니다. 공중예배는 주일 낮, 찬양예배, 수요일예배입니다. 가정에서 가족끼리 드리는 가정예배, 구역원과 같이 드리는 구역예배도 있습니다. 열심히 참석해야 합니다.

2) 말씀 훈련

육신의 건강을 위해서는 음식을 먹어야 합니다. 마찬가지로 영혼이 살기 위해서는 영의 양식인 하나님의 말씀을 먹어야 합니다.

(1) 하나님 말씀을 잘 들어야 합니다(선포되는 말씀=설교). 주의 종 목사가 설교할 때 내게 주시는 말씀으로 "아멘"으로 받아야 합니다.

(2) 성경 말씀을 읽어야 합니다. 개인적으로 읽는 것을 말합니다.

말씀을 읽음으로 하나님과 개인적인 교제를 할 수 있습니다. 날마다 읽어야 합니다. 육의 양식인 음식을 매일 먹는 것과 같이 날마다 영의 양식을 섭취해야 합니다. 성경읽기는 신앙의 폭을 넓혀 줍니다.

(3) 성경을 공부해야 합니다. 성경공부는 깊이를 더해 줍니다.

(4) 성경구절을 암송해야 합니다. 암송한 말씀은 심령에 살아있습니다. "내가 주께 범죄치 아니하려 하여 주의 말씀을 내 마음에 두었나이다"(시편 119편 11절).

(5) 하나님의 말씀을 묵상해야 합니다. 암송한 말씀을 묵상할 때 깊은 은혜를 유지할 수 있습니다.

(6) 말씀대로 살려고 노력해야 합니다. 그것이 믿음과 생활의 일치입니다. 언행일치입니다.

3) 기도 훈련

기도는 하나님과의 영적인 교제입니다. 우리는 하나님의 백성이요, 자녀입니다. 자녀 된 우리는 그 아버지께 구해야 합니다. 그것이 기도입니다. 하나님은 어떤 일이든 우리가 구하면 응답해주십니다. 특히 새벽기도는 좋은 신앙훈련입니다. 예수님을 본받아 새벽을 깨워서 기도하십시오. 그러면 날마다 승리할 수 있는 삶이 될 것입니다.

3. 경건한 자의 삶

백만장자인 스티븐 지라드(S. Grad) 씨는 어느 토요일 오후 자기 회사 직원들에게 내일 모두 출근하라고 했습니다. 마침 일요일에 들어오는 선박에 자기회사의 물건을 하역하기 위해서였습니다. 그러자 한 청년이 "사장님 저는 내일은 주일이라 하나님께 예배드리기 때문에 출근할 수 없습니다."고 했습니다. "그래, 그러면 너는 나와 같이 일 할 수 없어!" "각오하고 있습니다. 비록 늙으신 어머니를 모셔야 하지만 주일은 하나님께 예배드리는 날로 지켜야 하기 때문에 저는 출근할 수 없습니다." 그는 해고를 당했습니다.

어느 날 필라델피아의 한 은행 총재가 지라드 씨에게 새로운 은행 지점을 하나 개소해야 하겠는데 믿을 만한 사람을 소개해 주기를 청했습니다. 지라드 씨는 잠시 생각하다가 자기가 해고한 그 청년을 추천했습니다.

"자네는 그 청년을 해고하지 않았나?" "물론! 그러나 하나님께 예배드리기 때문에 일요일에 일을 할 수 없다는 신념이 귀하지 않나. 그런 신념을 가진 자라면 자네의 새 은행지점을 맡길 수 있을

만하다고 생각되네." 그 청년은 자신의 경건으로 더 좋은 직장을 얻었습니다.

  우리가 천국 갈 때까지 이 경건의 훈련은 계속되어야 합니다. 그래야 마귀를 이깁니다. 영혼이 잘됩니다. 항상 칭찬 받는 삶을 살 수 있습니다.

나의 삶에 적용

❶ 나의 경건 훈련은 지금 어떠합니까?

　

❷ 신앙생활이란 우선순위를 어디에 두는 것입니까?

열매 맺는 새가족

초판 1쇄 | 2009년 3월 2일

저　자 | 김찬종
발행인 | 방주석
발행처 | 도서출판 소망

주소 | 서울 서대문구 충정로 2가 157 사조빌딩 403호
전화 | 02-392-4232
팩스 | 02-392-4231
이메일 | somangsa77@hanmail.net

출판등록 | 제11-17호(1977. 5. 11)

ISBN 978-89-7510- 048-2　03230